Il Kamasutra Moderno

Il migliore manuale per infiammare la vita di coppia. Eccitanti posizioni per principianti ed esperti. Inclusi passionali giochi di ruolo e consiglio per accendere la passione

A cura di Rossella Felice

Liberatoria Legale

Le informazioni contenute nel presente manoscritto, nonché i suoi contenuti, non sono da intendersi quali sostituti di alcuna forma di consulenza medica o professionale; e al contempo non si intende supplire alla necessità di usufruire di consulenza medica, finanziaria, legale o di altri servizi professionali che potrebbero essere necessari. Il contenuto e le informazioni del presente libro sono stati forniti al solo scopo educativo e di intrattenimento.

Le fonti cui si è fatto riferimento per redigere il contenuto e raccogliere le informazioni riportate nel presente libro sono state ritenute affidabili e precise al meglio delle conoscenze, informazioni ed opinioni dell'Autore. Tuttavia, l'autore non può agire da garante per la loro esattezza e validità e per questo motivo non può essere giudicato responsabile per eventuali errori e/od omissioni.

Per di più, ove necessario, si procede ad apportare modifiche al presente libro in maniera periodica. Laddove si ritenga opportuno e/o necessario, si invita a consultare un professionista (incluso ma non limitatamente al proprio medico, legale, consulente finanziario o professionista di altra natura) prima di usufruire di qualsiasi rimedio, tecnica e/o informazione proposta in questo libro.

Facendo uso dei contenuti e delle informazioni del presente libro, si libera l'Autore da ogni responsabilità per eventuali danni, costi e spese sostenute, comprese eventuali spese legali che possano

Table of Contents

Introduzione

Affinché possa godere di una relazione sana e fiorente, la coppia deve potersi concedere del sesso sano. Il sesso non costituisce un mero bisogno primario. Bensì è il modo per forgiare un legame che rafforzi le due persone che ne sono parte integrante.

Quando si parla di sesso, si fa riferimento ad un argomento estremamente vasto. Non tutti hanno la possibilità di godersi del sesso di alto livello, il che implica che c'è qualcosa che alcuni di noi si perdono. Il presente libro ambisce ad aiutarti a riconnetterti con il tuo desiderio sessuale interiore. Impara le tecniche migliori con cui poter massimizzare il tuo potenziale sessuale e vivere ogni tua fantasia.

Grazie a questi consigli di specialisti, sarai sicuramente in grado di fare la differenza in camera da letto ed in coppia; avrai molte più probabilità di crescita. L'attrazione fisica che provi costituisce una componente molto forte in qualsiasi relazione e finché non sentirete il bisogno di "violentarvi" a vicenda, la scintilla non scoccherà.

Per questo motivo è il momento di perdere ogni inibizione nella propria intimità. Questo libro non ha il mero scopo di essere letto, ma ti porterà in un viaggio che svelerà ogni strato del tuo corpo e ti aiuterà a comprendere il tuo vero istinto sessuale.

Il sesso non si limita ad essere solo eiaculazione o l'esperienza di un orgasmo. C'è molto altro, ci sono tante posizioni che puoi sperimentare. Se desideri mantenere giovane la tua relazione devi amare in maniera selvaggia. Per questo motivo la maggior parte delle coppie di successo che continuano a coccolarsi sempre anche in età avanzata sono quelle che non cessano di sperimentare. L'età non è un fattore limitante alle volte in cui devi fare sesso; al contrario dovrebbe basarsi sulla resistenza del tuo corpo e su come esso reagisca al tuo partner.

Pertanto, se tutto ciò ha costituito motivo di preoccupazione o se anche sei solamente curioso di sapere come il giusto desiderio sessuale possa accendere il tanto anelato cambiamento nella tua vita, siamo qui con il libro giusto da leggere.

Ogni capitolo ha lo scopo di esser messo in pratica oltre che essere solamente letto e poi dimenticato.

Allora, siete tutti pronti a cominciare?

Capitolo 1: Quanto è attiva la tua Vita Sessuale?

Prima di poter svelare tutte le diverse posizioni e i modi con cui nutrire il tuo desiderio sessuale, dobbiamo prima comprendere bene la tua analisi e non fare errori. Prima di tutto, devi capire il punto in cui ti trovi e misurare quanto è profonda l'acqua in cui nuoti.

È fondamentale comprendere come il sesso non sia qualcosa che puoi mettere a confronto con gli altri. Qualcuno potrebbe farlo tre o anche cinque volte al giorno, al contrario tu potresti fare sesso ogni tre giorni. Questo non costituisce ancora un campanello di allarme di cui preoccuparsi.

Idealmente pensiamo che amando sinceramente il nostro partner e sentendone il bisogno, fare sesso ogni giorno non dovrebbe essere difficile. Detto ciò, è normale che la frequenza possa essere minore o maggiore.

Di seguito, una serie di questioni che dovresti provare ed appuntare, per poi analizzare il tuo desiderio sessuale.

- Quanto frequentemente fai sesso in media?

- Se è più spesso della media, quale pensi sia la motivazione primaria che ti accende?

- Nel caso in cui la tua frequenza sia inferiore al normale, cosa pensi ci sia di carente nella tua relazione?

- Fai sesso spinto e passionale o è più gentile e dolce?

- Quali fattori sono più importanti per te quando hai voglia di fare sesso?

- Ti godi il sesso quando è l'altro a prendere l'iniziativa?

- Pensi che il tuo desiderio sessuale abbia subito un calo con l'avanzare dell'età?

- Ti piace sperimentare cose nuove nel sesso?

Annota le risposte a tutte le domande e probabilmente riuscirai a vedere uno schema. Non andremo ad esaminare ogni tua singola risposta dal momento che ogni individuo ne avrà la propria interpretazione.

Queste risposte ti creano probabilmente solo scocciature perciò è importante capire meglio i tuoi bisogni primari. Se pensi che il tuo desiderio sessuale si sia indebolito con l'età non c'è nulla di male in questo. Tuttavia, ciò di cui hai bisogno è provare a sentirti giovane di nuovo. Ricorda, l'età non è che un numero; un uomo sulla sessantina, difatti, potrebbe ancora stare nel fiore dei propri anni se ci credesse davvero. George Clooney non sembra si lamenti della sua età, né tantomeno la moglie!

Allo stesso modo, se ami il sesso gentile e dolce, va bene così, ma ogni tanto devi sperimentare qualcosa di passionale e piccante ove poter a malapena avere le mani per te. Questo perché il sesso, se trasformato in routine, tende a diventare noioso e perdere il proprio fascino. Devi sperimentare, variare e mettere qualcosa di dinamico sul piatto. Per quelli di voi che tendono ad essere selvaggi e passionali nel sesso, si consiglia di provare un sesso gentile e dolce ogni tanto. Prendetevi il vostro tempo baciando lentamente la vostra ragazza e accarezzate il suo corpo prima ancora di passare ai preliminari. Sono questi piccoli cambiamenti a rendere ancora più stuzzicante il vostro desiderio sessuale.

Pertanto ognuna di queste risposte è rilevante al fine di delineare un tuo profilo. Alla fine del libro, siamo sicuri che sarai testimone di alcuni cambiamenti, perciò vorrei che tornassi a rispondere alle domande di questo capitolo.

A questo punto, è il momento di giocare a confrontare e trovare le differenze, per poi capire se il libro ti è stato di aiuto o meno.

Capitolo 2: Le Posizioni Sessuali per Principianti

Inizieremo con la posizione sessuale più elementare in cui tutti possono cimentarsi. Non c'è nulla di sperimentale e se sei vergine e sei pronto a perdere la verginità, queste sono le posizioni sessuali con cui puoi iniziare.

Chiaramente se sei un avventuroso, puoi anche provare le posizioni hardcore, di cui tratteremo più avanti.

Ad ogni modo, per una questione di rispetto per i principianti, focalizzeremo l'attenzione sulle posizioni più semplici che ti saranno di aiuto per iniziare.

1. Il missionario

Questa posizione rimarrà storicamente sempre la scelta più semplice nonché intramontabile classico per troppi di noi. Quando vi sentite troppo stremati dopo una lunga giornata di lavoro e avete a malapena le energie per spogliarvi a vicenda ma non vedete l'ora di fare un tentativo, questa sarebbe sempre la posizione sessuale più sicura e affidabile. È facile, semplice ma dà la soddisfazione che il sesso, si sa, dona.

In questa posizione, la donna giace supina mentre l'uomo le si posiziona sopra. Potrete strusciarvi e stringervi quanto volete e provocarvi a vicenda prima che lui penetri dentro di voi una volta che aprirete le gambe per dargli il giusto spazio.

Per coloro che desidererebbero un po' più di movimento durante la posizione del missionario, la ragazza può sollevare i piedi dal letto e poi tirare al petto le ginocchia. Questa è un'opzione magica per dare manforte al proprio uomo e donarvi un piacere ancor più intenso.

Tenete a mente che mentre lui sta spingendo dentro e fuori di voi, dovreste permettere ai vostri fianchi di dondolare avanti e indietro con movimenti ritmici. Questo movimento congiunto ha il potere di innescare un orgasmo combinato, che è spesso considerato una delle sensazioni più coinvolgenti al mondo.

Anche nella posizione del missionario esiste un'infinita possibilità di sperimentazioni. Stendendo le gambe più larghe o stringendole chiuse intorno al suo collo, potete dargli una vasta gamma di angolazioni. Ad ogni differente angolazione, è probabile che la spinta che può dare e la pressione che sentirete cambieranno. Ciò può comportare cambiamenti significativi alla grande entità di piacere che proverete.

2. Il missionario con cuscino
Nonostante sia quasi analoga alla posizione del missionario, è talmente comune tra le coppie da meritare di esser considerata una posizione a sé. Inoltre, ha un impatto considerevole sull'esperienza sessuale che avrete.

Per questo motivo, per chiunque di voi voglia fare e provare qualcosa in più, il cambiamento risiede nel posizionare un cuscino proprio sotto i vostri fianchi quando giacete supine sulla schiena.

Questa piccola variazione può portare ad un orgasmo intenso poiché i fianchi sollevati permettono all'uomo di spingere direttamente sul clitoride. Come tutti sappiamo, il clitoride è la parte femminile che gode di un livello elevato di sensibilità e che può regalare un orgasmo perpetuo, se stimolato in maniera appropriata.

Nel praticare questa posizione, provate a concentrarvi maggiormente sul vostro uomo che sta tentando di sfregarsi contro di voi piuttosto che sull'oscillare avanti e indietro.

Se il trucco in questo caso è la giusta dose di elevazione per creare un meraviglioso angolo, ricordatevi che entrambi avete bisogno di essere a vostro completo agio, dal momento che il sesso può essere caotico ma non dovrebbe mai essere sgradevole. Il piacere arriva quando entrambi ve lo godete e non quando vi preoccupate inutilmente di cosa è giusto e sbagliato.

3. Il dramma del bordo del letto
Questa costituisce forse la posizione preferita da molti ragazzi, dal momento che implica meno sforzo per loro. È anche adatta a quelle coppie dove una ragazza minuta ha un partner che sembra essere pesante. In tali situazioni, la donna dovrebbe giacere stesa supina ma scivolare verso il bordo del letto in modo da far ciondolare le gambe fuori.

A questo punto, l'uomo deve posizionare il proprio corpo tra le gambe della donna e tenerle. Se volete, potete anche incrociare le gambe dietro la sua schiena. Questo gli dà abbastanza spazio per entrare dentro di voi e spingere la sua erezione al massimo.

Potendo beneficiare dello spazio sufficiente ad una spinta massima, è probabile che entrambi i partner apprezzino moltissimo il movimento. Tuttavia, l'altezza del letto nonché quella dell'uomo devono essere in tandem per garantire la migliore esperienza. Se l'altezza non si adatta a voi in maniera appropriata, potete utilizzare nuovamente l'effetto del cuscino o lui potrebbe anche inginocchiarsi sul pavimento in modo da avere la propria erezione alla giusta altezza. Sentitevi liveri di giocare con le vostre gambe, aumentando o diminuendo lo spazio. Queste piccole variazioni danno il giusto sapore anche alle posizioni sessuali dei principianti.

4. La posizione della ragazza in carica o della cowgirl
Nella maggioranza dei casi questa non è solitamente la posizione più semplice, ma a seconda del tipo di lubrificazione che avete, potrete decidere se provarla o meno da principiante. Una cosa è sicura: la apprezzerete al massimo.

In questa posizione, l'uomo rimane steso sulla schiena e giace sul letto. La donna si posizionerà sopra il corpo di lui e porrà le sue gambe su entrambi i lati del suo corpo.

A questo punto, prendete lentamente il pene in mano e abbassatevi gradualmente per spingerlo nel vostro orifizio. Ricordatevi, dovrete essere abbastanza bagnate quando lo fate. Se non siete bagnate in maniera naturale, prendete in considerazione l'utilizzo di un lubrificante, altrimenti può essere doloroso e troppo difficile. Nel caso in cui la lubrificazione non costituisca un problema, potete avvicinare il vostro orifizio lentamente al pene per poi cavalcarlo.

Questa posizione dona all'uomo un'incredibile scossa e per questo motivo c'è un'elevata probabilità che abbia un orgasmo più duraturo. Anche alle donne spetta qualcosa, dal momento che dà loro la sensazione di cavalcare il proprio uomo ed avere il totale controllo. Gli uomini che amano le donne assumere il comando e guidare dal lato frontale è probabile abbiano un debole per questa posizione.

Quelle appena descritte sono tra le posizioni sessuali più popolari tra i principianti. Prima che si proceda nella lettura del libro, desideriamo che proviate prima ognuna di queste posizioni e vediate quale vi piace di più.

Idealmente parlando, se desiderate davvero il vostro partner, ognuna di queste posizioni dovrebbe essere sorprendentemente appagante, dato ciò che conta di più sono la corsa e il viaggio piuttosto che l'eruzione e l'orgasmo. Chiaramente tutti desiderano un buon orgasmo ma assicuratevi di godervi l'intera corsa, dalle coccole ai preliminari, alla cavalcata e l'orgasmo finale.

Una volta che sarete diventati degli esperti in queste posizioni, sarete pronti per cimentarvi nelle posizioni più hardcore e portare il vostro gioco sessuale ad un livello superiore.

Capitolo 3: Sesso Orale

Al giorno d'oggi tutti hanno la propria visione ed opinione in merito al sesso orale. Ciò che sicuramente va inteso è che se si vuol sperimentare nel sesso e fare qualcosa di diverso, si deve indubbiamente optare per il sesso orale.

Il sesso orale costituisce uno strumento eccezionale per creare il giusto dinamismo e mantenere le cose eccitanti, nonché animare la passione all'interno della relazione. Se ne sei davvero coinvolto, è molto improbabile che arrivi a pensare a quanto sia nauseante o perfino se sia igienico.

Se fatto bene, il sesso orale potrebbe accendere alcune tra le stimolazioni più intense che sono destinate ad aiutarti a sentirti eccitato ed in cima al mondo.

Per questo motivo, ora che abbiamo gettato le basi di ciò che rende il sesso tanto eccitante e del perché deve far parte della tua vita in camera da letto, entreremo maggiormente nei dettagli di alcune delle posizioni migliori per sperimentare il sesso orale.

Ad ogni modo, prima di andare al sodo, ecco alcuni dei migliori consigli che possono aiutarti nel gioco; a prescindere dal se stai facendo o ricevendo del sesso orale.

Sii vocale

Non fatelo semplicemente in maniera meccanica, fate sì che il vostro partner lo senta in maniera completa. Una buona narrazione sensuale di ciò che state facendo ai loro corpi con la vostra magica lingua è un modo straordinario per permettere agli ormoni sessuali di aumentare sempre più fino a che si arrivi all'orgasmo.

Perciò nel momento in cui stai leccando l'interno della sua vagina o quando stai facendo il pompino perfetto al tuo uomo, sii pronto a fare una narrazione sensuale di come ci si sente quando la tua bocca tocca il loro interno e non dimenticare di aggiungere un leggero gemito qui e là a mo' di ostentazione.

Il porno sullo sfondo

In questo caso dipende da entrambi i partner e da quanto desiderano farne uso.

Ad ogni modo, moltissime coppie hanno confermato come guardare il porno insieme funga da grande stimolante e li aiuti ad entrare nel mood molto più facilmente.

Perciò mentre stai facendo del sesso orale al tuo partner, potresti mettere un video porno di sottofondo sulla tua tv. La musica, l'atmosfera e il video a volte impostano il giusto ritmo e vi mettono entrambi nel mood giusto.

Il gioco del respiro caldo

Sembra essere un fatto scientifico; quando indirizzi il tuo caldo respiro direttamente sulle parti intime del tuo partner, difatti, è probabile che si venga a creare un'onda di stimolazione alle terminazioni nervose. Perciò prova a soffiare un respiro di aria calda sulla vagina e poi lascia che la lingua la porti a fare un giro. Fidati, affonderà le sue unghie su di te, gemerà e pronuncerà il tuo nome in un modo che farai fatica a dimenticare.

Mescolare e abbinare

Quando parliamo di sesso, non necessariamente dobbiamo limitarci al gioco che compie la tua bocca. Per portare il livello di eccitazione alle stelle ed ottenere i risultati migliori, potresti ricorrere alla tecnica del mescolare ed abbinare. Lascia che le tue dita la penetrino in profondità e poi tirale fuori bruscamente. Non permetterle di respirare in maniera regolare, bacia l'interno della sua vagina e leccala come se la tua vita dipendesse da questo.

Questo movimento dentro-fuori ed il mix di dita e lingua farà impazzire la tua donna, che ne vorrà sempre di più. Ricorda, l'idea è quella di continuare a stuzzicarla fino a che lei non vorrà nient'altro che tutto te dentro di lei.

Allo stesso modo, per le donne che desiderano sedurre il proprio partner, sentitevi libere di giocare con la punta del loro pene. Disegna come un cerchio ritmico intorno al suo pene, accarezzalo bene e poi dai dei piccoli morsi mentre hai la sua intera erezione in bocca. Mentre stai divorando il suo pene, lascia che le tue dita massaggino i suoi testicoli e spingili su e giù. Questo movimento combinato di sicuro lo farà diventare matto e non riuscirà a resistere alla voglia di penetrarvi.

Usa il lubrificante se necessario

Alcuni di noi, sia uomini che donne, tendono a rimanere troppo asciutti nelle parti intime. Sentitevi liberi di usare in maniera provocante del lubrificante. Esistono anche diversi oli per massaggi dai profumi inebrianti. Cercate massaggi erotici se necessario; questo spesso dà il ritmo alla performance, e vi permette di provocare dolcemente il proprio partner. Lasciate che la vostra bocca faccia il resto della magia.

Quelli appena descritti sono tra i consigli migliori che potete usare per sfruttare al meglio il sesso orale. Se non lo avete ancora fatto, è il momento giusto per provare. Questa sera, sfoderate le mosse più eccitanti del sesso orale con il Vostro partner e guardatelo gemere ancora e ancora di piacere.

Ora che abbiamo gettato le basi, ci concentreremo sulle posizioni migliori per il sesso orale che vi aiuteranno ad ottenere il massimo piacere.

1. La Trappola di Venere

Questa è una delle posizioni più comuni per chi ama il sesso orale. La donna deve giacere supina mentre la sua testa rimane fuori dal bordo del letto. Quindi si troverà al contrario e il suo uomo sarà in piedi proprio lì davanti.

Lui può rimanere in piedi o inginocchiarsi in base all'altezza che ritiene più adatta o confortevole; ciò gli permetterà di avere il suo pene proprio all'altezza della vostra bocca. A questo punto potete impugnare la sua erezione, leccare i testicoli e giocare con essa. Dato che lui avrà le mani libere, potrà approfittare e massaggiare il vostro seno o persino inginocchiarsi leggermente e farvi un ditalino, in modo che entrambi possiate avere un'esperienza irresistibile nel gioco sessuale orale.

Ricordate, come abbiamo sempre detto, il sesso si riduce alla sperimentazione e al trovare ciò che ti colpisce di più. Cosa vi piace potrebbe non piacere ad altre donne; perciò lasciatevi abbastanza spazio per sperimentare e sentitevi liberi di condire a vostro piacimento i risultati anche nelle migliori posizioni sessuali.

2. Il Classico 69

Tutti noi abbiamo adorato la posizione del "69", un prediletto sempreverde tra la maggior parte delle coppie. Questa posizione permette di avere i genitali di fronte alla bocca dell'altro ed è un ottimo modo per assicurare che entrambi partecipino nella giusta misura al piacere sessuale mentre si conduce l'altro verso l'orgasmo.

Potete sempre posizionare le vostre gambe sulle spalle del partner per dare loro più spazio e permettere alla lingua di divorarvi mentre vi scortano in una corsa indimenticabile.

Ricordate, quando praticate la posizione del '69, potete provare ad imitare le mosse dell'altro oppure uno dei due può prendere il comando e l'altro può seguire. Grazie a queste tecniche e stili differenti sarete certamente supportati nel godere del tempo dedicato al sesso orale e vi aiuterà a scoprire il corpo dell'altro in maniera decisamente efficace.

Se volete sperimentare ancora più in profondità, potete provare anche il 69 laterale, le vostre sensazioni sessuali incrementeranno a passi da gigante.

3. La Seduta

In questa posizione uno dei partner deve stare seduto su una sedia ed allargare le proprie gambe. L'altro si inginocchierà proprio di fronte ed inizierà a provocare, strizzare, coccolare ed eccitare i genitali.

Quando il vostro uomo giacerà seduto sulla sedia, come una donna, trovate il modo di mostrare come prendete il comando e tenete i loro testicoli con le vostre mani tenute a coppa, tracciando pian piano l'intera traiettoria mentre gemete in maniera sensuale. Ciò creerà un'atmosfera straordinaria e allo stesso tempo vi permetterà di poter succhiare, mordicchiare e anche leccare i loro testicoli e la loro erezione.

Quando è la donna a giacere sulla sedia con le gambe divaricate, l'uomo potrà spingere le proprie dita dentro e fuori creando un ritmo pulsante. Potrete anche comporre una melodia con la vostra lingua ed esplorare i suoi genitali mentre lei impazzirà per i vostri movimenti sinuosi e sensuali ed urlerà il vostro nome in un disperato bisogno.

4. La Posizione del Pompino al Cinema
Immaginatevi entrambi seduti l'uno accanto all'altro al cinema. A questo punto iniziate ad accarezzare il vostro uomo dolcemente, a provocarlo sfiorando la sua erezione e lasciando ancora i suoi pantaloni abbottonati.

Non appena si sarà creato un certo impeto, slacciate pian piano la patta e prendete il suo pene in mano iniziando a massaggiare sinuosamente. A questo punto potrete abbassarvi e piegarvi su di lui mentre prendete la sua erezione in bocca. Potete leccarla e persino strofinarla per farla indurire abbastanza da dare ad entrambi il piacere di un pompino perfetto.

Ricordate, sfregare il pene è un modo eccellente per creare il giusto piacere e l'energia all'interno del corpo. Crea, difatti, il giusto livello di tensione sessuale che a sua volta dà il via ad un orgasmo fantastico.

Se desiderate un po' di movimento in più e volete scaldare le cose potete chiedere al vostro uomo di massaggiarvi il seno o strofinare il vostro corpo mentre gli fate un pompino completo. L'azione combinata tenderà a creare un senso di soddisfazione sessuale ancor maggiore nella coppia.

Quindi, queste sono le posizioni migliori ed i consigli perfetti che possono aiutare a diventare esperti dell'arte del sesso orale. Ricordate, non c'è nulla di cui vergognarsi o per cui provare inibizione nel sesso orale. Se volete o meno che il vostro uomo vi venga in bocca o cosa volete farne è qualcosa che dovreste decidere insieme.

Molte coppie finiscono per amare i pompini mentre ne fanno un cruccio quando si parla di venire in bocca. La decisione dovrebbe essere presa di comune accordo e non dovrebbe costituire un ostacolo al praticare il sesso orale. Molte delle fantasie erotiche delle persone hanno proprio a che fare con esso.

Un grande pompino o addirittura una sega costituiscono un prerequisito per un incontro sessuale fantastico. Il sesso è qualcosa di cui dovreste godere e provare entrambi, così come il divertimento annesso. Tutto questo vi manterrà giovani, ed il sesso orale è uno dei modi migliori per rendere piccanti le cose.

Non è obbligatorio che ogni esperienza di sesso orale finisca con la penetrazione. Tale è il livello di soddisfazione del sesso orale su vasta scala che potreste essere completamente soddisfatti con esso e non aver bisogno di avere un rapporto completo.

L'idea è di individuare il livello di piacere che state cercando e capire come raggiungerlo. Si tratta di dare e godere allo stesso tempo. Dalla nostra ricerca, abbiamo riscontrato come sia il sesso orale in sincrono a donare il piacere più intenso.

Quando leccate i suoi testicoli mentre la sua lingua sta facendo faville con la vostra vagina, state sicure che vi sentirete come se non aveste mai provato nulla di meglio di questo.

Pertanto, prima di passare direttamente al capitolo successivo, il vostro compito per oggi in camera da letto è provare alcune di queste posizioni ed annotare nel vostro diario come è stato. Ricordate, continuate a parlarne e raccontarvi a vicenda l'esperienza. Più sexy sarà il tono, più potente sarà l'orgasmo.

Ora che le basi sono state create, ci concentreremo su posizioni sessuali hardcore che probabilmente vi aiuteranno a portare il vostro gioco sessuale ad un livello superiore.

Capitolo 4: Livello Successivo - Posizioni Sessuali Hardcore

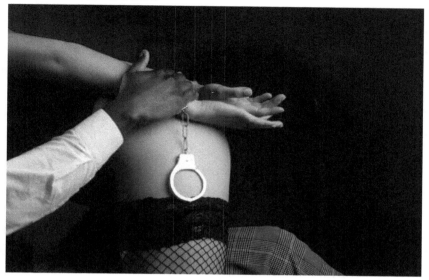

Una volta che sarete diventati esperti del sesso per principianti, è giunto il momento di rendere le cose un po' più piccanti. Parleremo di alcune delle migliori posizioni sessuali hardcore per tutti coloro che sono in cerca di sperimentazione e godimento.

Grazie ad alcune delle posizioni sessuali migliori che vi garantiscono orgasmi più intensi, di sicuro amerete ciò che andremo ad analizzare. Parleremo di alcune delle migliori posizioni hardcore. Ricordate, per divenire esperti di queste posizioni, dovrete desiderare di sperimentare e metterci un po' di impegno. L'idea è di rendere il sesso attraente, divertente e più godereccio possibile.

Spesso sono proprio queste posizioni hardcore a donare alla vostra relazione la spinta in più per aggiungere la giusta dose di passione per farla procedere in maniera serena. Ci sono coppie che nonostante ricadano dalla parte sbagliata degli anni cinquanta ancora desiderano provare queste posizioni, poiché li aiuta a rimanere giovani e selvaggi senza dar peso alle frustranti statistiche sull'età.

1. Il Limbo Libero

Questa posizione è rivolta a coloro che cercano costantemente di sperimentare cose nuove. Abbiamo tutti sentito parlare di come il punto G sia la parte più magica del corpo femminile, che se stimolato correttamente può innescare alcuni degli orgasmi più vigorosi che qualsiasi donna abbia mai provato.

In questo tipo di posizione, entrambi i partner giacciono sul letto. La donna può provare a mettere la testa tra le caviglie del proprio uomo. Ora, muovete leggermente le vostre anche mentre il vostro uomo cercherà di spingere il proprio pene nella vostra vagina. Potranno volerci un po' di tempo ed impegno per dare la spinta, dato che entrambi sono sdraiati, ma con qualche cambiamento di angolazione e posizione l'uomo dovrebbe riuscire a farlo. È un modo fantastico per toccare il punto G. Allo stesso tempo, dato che entrambi avete le vostre mani libere, usatele per stuzzicarvi a vicenda e provate a lubrificare la vagina o il pene per un'esperienza ancora migliore.

Assicuratevi che il vostro corpo oscilli avanti ed indietro in un movimento sincronizzato.

2. Il Treno ad L

Questa è di sicuro una posizione estremamente erotica per fare sesso. Non è semplice ma se fatta in modo corretto vi lascerà entrambi senza fiato. Dal momento che il vostro partner giacerà su un fianco, voi dovreste stare sdraiati a 90 gradi. La chiave è formare una L con il corpo del vostro partner.

A questo punto, piegate le gambe e lasciate che le vostre ginocchia poggino sopra il corpo dell'uomo mentre il resto della gamba scivola sul suo sedere. Ora posizionate il vostro corpo in modo da avere il vostro sedere premuto direttamente sul suo pene. Entrambi dovrete sistemarvi per ottenere il giusto movimento, ma una volta che sarete riusciti, il vostro uomo dovrebbe provare a spingere lentamente il suo grande pene dentro di voi. Il movimento è destinato di sicuro ad inviarvi delle scosse intense di piacere. Potete utilizzare la vostra mano libera per accarezzare i capezzoli del vostro uomo o persino toccargli i capelli. Assicuratevi di gemere e pronunciare il suo nome per un piacere ancora più intenso. Anche lui potrà cullare ed accarezzare il vostro seno quanto vuole, perciò è chiaro che questa posizione lascia decisamente spazio per la sperimentazione e il divertimento.

3. La Pecorina Rialzata

Abbiamo tutti sentito parlare della pecorina nel sesso, ma se siete alla ricerca di posizioni sessuali hardcore per ottenere un altro tipo di esperienza eccitante, la pecorina rialzata servirà allo scopo. Ricordate di provare questa posizione hardcore; il vostro partner dovrà essere vigoroso e forte abbastanza da sollevare il peso del vostro corpo. Voi utilizzerete le vostre braccia come supporto mentre il resto del vostro corpo sarà in sospensione. Assicuratevi di allargare le cosce mentre il vostro partner si posizionerà tra di esse.

L'uomo dovrà sollevare le cosce per darti il giusto supporto, dopodiché inserirà lentamente il proprio pene nel vostro orifizio e per poi intensificare ancor di più il movimento ad ogni spinta. Tutto ciò vi condurrà ad un orgasmo che difficilmente dimenticherete.

4. Il Decollo

Questa è per le coppie che non riescono nemmeno ad attendere di arrivare al letto per fare sesso. Pensa a situazioni come il ritorno da una festa in cui entrambi vi ubriacate e arrapate o quando vi siete vestite per provocarlo e invece di uscire lui non riesce a fare a meno di violentarti immediatamente.

In questa posizione, l'uomo deve essere un vigoroso maschio alfa dato che dovrà sollevarvi in aria e tenervi per il sedere mentre ve lo spinge dentro. Potete mettervi a cavalcioni e perfino affondare le vostre unghie nella schiena mentre vi spinge il suo enorme pene nella vostra vagina bagnata e gonfia e vi porta a fare un giro indimenticabile.

Se siete ubriachi e barcollanti, potete sempre utilizzare il piano della cucina o la lavatrice per poggiare il vostro sedere, mentre lui potrà donarvi una sessione di leccate prima di possedere il vostro corpo spingendo tutto il suo pene nel vostro orifizio umido.

Ancora una volta, sentitevi liberi di oltrepassare le regole e fare ciò che appaga i vostri sensi e il vostro corpo.

5. Il Divertimento del Panino Laterale

Questa è per tutti coloro che amano le coccole che non riescono a tenere le proprie mani ferme e i genitali nei propri pantaloni. Voi ed il vostro partner giacete fianco a fianco mentre vi urtate a vicenda. La donna può sdraiarsi davanti mentre i fianchi dovrebbero direttamente strofinare il pene del proprio uomo. Assicuratevi di allargare leggermente le gambe in modo che il vostro uomo possa mettersi a cucchiaio e che i suoi fianchi possano coprire i vostri.

A questo punto, l'uomo tenterà pian piano di mettere il proprio pene nel vostro ano, per permettervi di avere il sesso anale migliore. Potete anche trasformare questa posizione nella cowgirl inversa e mentre spingete le vostre gambe in avanti di fronte a voi potète dargli tutto lo spazio necessario a trascorrere una notte piena di azione e spinte, così come di orgasmi strabilianti.

6. Lo Stile dello Yoga

Chi dice che lo yoga è solo per praticare esercizi? Potreste farne un uso intelligente ed ottenere di rimando il miglior sesso della vostra vita.

Il vostro partner dovrà sedersi sul letto e potrà avere le sue gambe allungate oppure incrociate. Voi vi siederete sul suo grembo mentre sarete rivolti con il viso verso di lui e le vostre gambe dovrebbero avvolgerlo in una stretta.

Dato che entrambi sarete pelle contro pelle, premete il vostro seno fermamente contro il suo petto solido e provate a dondolarvi avanti e indietro. Nel frattempo, il suo pene dovrebbe sfiorare la vostra vagina, e già questo vi farà bagnare abbastanza da avere una facile lubrificazione. A questo punto, l'uomo deve entrare dentro di voi lentamente. Una volta che si sarà fatto spazio, il movimento potrà essere più vigoroso, forte e più aggressivo per un maggiore divertimento. Dato che le braccia sono libere, fatene buon uso affinché l'impeto continui.

Gli orgasmi sperimentati in questa posizione sono probabilmente decisamente potenti e duraturi. Potete sempre integrare anche giochi sessuali in questa posizione, per ottenere un piacere ancora più amplificato.

7. La Forbice

Potrebbe risultare un po' difficoltoso trovare la posizione corretta. Voi ed il vostro partner dovreste giacere sdraiati in modo che una delle vostre gambe sia inserita tra le sue mentre l'altra dovrebbe rimanere allungata sull'altro lato della gamba. Ciò permetterà di ottenere una posizione simile ad una forbice.

Potrebbe essere difficile ottenere la giusta sospensione e l'angolo corretto ma una volta che riuscirete a spingere il vostro pene dentro, il giusto angolo aiuterà la donna a beneficiare di un livello di piacere estremamente elevato. Con la vostra mano libera potreste accarezzare il suo seno, mentre lei potrà sculacciarvi o provare cose diverse per aumentare il vostro desiderio sessuale.

8. La pecorina in piedi

Ci sono davvero tanti modi con cui poter improvvisare la pecorina e divertirvi. Molte persone hanno spesso convenuto che fare sesso in piedi fa sicuramente miracoli alla passione che proverete. Dona qualcosa di più ed aggiunge un pizzico di dinamismo all'arte del sesso.

Perciò, in questa pecorina in piedi, entrambi sarete in piedi uno di fronte all'altro in modo che la vostra schiena tocchi il petto del vostro uomo. In questo modo il vostro partner vi possiederà a cucchiaio. Ciò potrebbe essere un po' difficile per quelle coppie che hanno molta differenza di altezza; in tal caso la donna potrebbe indossare dei tacchi incredibilmente alti pur essendo nuda (perché chi può resistere ad un corpo nudo con dei tacchi a spillo, dopo tutto?) o potreste utilizzare una sedia a mo' di supporto.

Il vostro partner vi prenderà il seno tra le mani e voi potrete allo stesso modo stringere la sua erezione, mentre entrambi vi eccitate al massimo prima di culminare con la penetrazione.

9. La Posa della Preghiera

In questa posizione hardcore, la donna può sedersi o stendersi sulla schiena a patto che i suoi piedi poggino sul pavimento e le gambe siano divaricate, dando al proprio uomo il giusto spazio per penetrare la loro vagina e l'interno del loro orifizio.

L'uomo deve inginocchiarsi ed esser rivolto verso la donna. Può immergere il proprio viso tra le vostre gambe e leccare l'interno della vostra vagina. La donna potrà piegarsi un po' senza compromettere lo spazio che il suo uomo ha, accarezzarlo o addirittura sculacciarlo.

Dopo un po', la donna avrà bisogno di sollevarsi leggermente mentre l'uomo spingerà il proprio pene pian piano dentro il suo orifizio. Una volta ottenuta la penetrazione, il movimento potrà diventare più veloce e forte, per ottenere i risultati migliori e gli orgasmi più intensi.

10.   La Sedia Reclinabile

Questa è una delle posizioni hardcore migliori per il sesso orale. Qui l'uomo giacerà sdraiato sulla schiena mentre la donna si posizionerà tra le sue gambe. Questa posizione è fantastica per parlare e notare come la donna vi sedurrebbe ed ecciterebbe in modo da far andare il vostro sangue verso i testicoli. La donna si inginocchierà per fare il suo miglior pompino. Allo stesso tempo, potrà fare un uso eccellente del proprio seno, accarezzando la punta del pene e magari avere anche un po' della sborra addosso.

Quando sentirete che non riuscirete più a contenervi, la donna prenderà il controllo della posizione e guiderà il pene a casa spingendolo dentro il proprio orifizio bagnato. Questa è una posizione eccezionale nel sesso.

11. Il Sollevamento dei Glutei

Questo è un modo fantastico per divertirsi facendo sesso. In questa posizione, la donna può giacere sul bordo del letto e sollevare le proprie gambe in aria. Quando lo fate, sollevate anche il vostro sedere. Il vostro partner potrà tenere il vostro sedere o le vostre gambe come desidera e poi sedersi o controllare la sua elevazione in modo da avere il proprio pene all'altezza della vostra vagina. Poggiando le vostre gambe sulle sue spalle, lui potrà liberare le proprie mani, con cui potrà a questo punto stuzzicare la vostra vagina e magari stimolare il clitoride per donarvi un'esperienza orgasmica fuori dal mondo.

La chiave qui è ottenere il giusto equilibrio e poi spingere dentro e fuori fino a che non sarete completamente riempite e urlerete di piacere. Questa è una posizione eccezionale per coloro che amano avere una buona visuale di come si articolano le scene sessuali.

12. La Rana
Per chi è stanco della classica pecorina, può rendere le cose più eccitanti optando per la rana. Potrebbe essere un po' difficile il bilanciamento del peso e la posizione in sé, ma di sicuro vi aiuterà ad avere un orgasmo straordinario e godervi l'intera avventura.

Dovrete avere a disposizione una poltrona, e l'uomo dovrà sedersi su essa. L'uomo utilizzerà la poltrona semplicemente per ottenere la giusta elevazione. Ricordate, non state troppo a disagio, altrimenti si perderà l'elemento divertente del sesso.

Divaricate le gambe sulla cima della poltrona ed assicuratevi di sollevare un po' il bacino, dando alla vostra donna lo spazio di cui ha bisogno. La donna deve stare seduta sul partner e rivolta con il viso verso di lui. Dovrà a questo punto mettere le proprie gambe intorno alle anche dell'uomo e magari utilizzare una parte della poltrona per poggiarle se necessario. Questo alleggerirà parte del peso e della tensione sulla spalla. Le braccia dovranno essere distese e mantenere il giusto equilibrio; dopodiché lei potrà lentamente guidare il pene nel proprio orifizio e prendere il controllo, guidandolo a casa per una delle fantasie sessuali più selvagge di tutti i tempi. Assicuratevi di compiere un movimento oscillatorio per dare al vostro uomo la migliore sensazione sessuale.

13. L'Arco Rampante

Potrebbe essere una posizione un po' difficoltosa ed è idealmente per quelle coppie che godono di un'elevata flessibilità. Qui, la donna sarebbe sopra ma darebbe la schiena all'uomo. La sua testa dovrebbe stare vicina ai piedi del proprio partner e quella dell'uomo dovrebbe stare in mezzo alle sue gambe.

Potrebbe essere dura spingere il pene nella vagina in questa posizione, ecco perché potrebbero esserci molti sfregamenti e movimenti coinvolti. Spesso sono i preliminari e lo sfregamento a rendere questa posizione tra le favorite per coloro che vogliono mischiare le carte e muoversi prima di farlo.

Dovete assicurarvi di sollevare il bacino per offrire al vostro uomo ampio spazio per strusciare il proprio pene nella vostra vagina. L'idea è di cavalcare la sua erezione ed accompagnarlo in un viaggio che avvererà ogni fantasia più reconditа. Data la difficoltà e complicazione della posizione, non tutti desiderano provarla, ma se entrambi i partner godono di una buona flessibilità e sono portati per la sperimentazione, può essere un'ottima mossa da tenere sott'occhio.

14. Lo Stile del Saluto

É simile alla posizione del "69" ma vi permette di avere un piacere completo e finire con uno sfregamento profondo prima dell'eiaculazione finale, per un piacere fuori dal mondo. Il vostro uomo dovrà giacere supino, voi dovrete stare sopra di lui ma con il vostro sedere proprio sulla sua bocca, mentre la vostra potrà fare miracoli con i suoi genitali. Dovete mettervi a cavalcioni sul Vostro uomo e cavalcarlo. Fate un uso complete della vostra bocca, delle dita, delle mani e, allo stesso tempo, il vostro uomo può fare un ditalino al vostro sedere o anche nella vagina; questo movimento sincronizzato può lasciarvi entrambi senza fiato.

L'idea è di muovervi su e giù sul suo corpo mentre vi infila un dito per non dare tregua al tuo orifizio umido e gonfio. Quando entrambi avrete finito con i giochi di mano e la provocazione, potete guidare il suo pene nel vostro orifizio e sobbalzare sopra di lui su e giù per la cavalcata della sua vita. Di certo supererà ogni aspettativa delle fantasie di ogni uomo e gli donerà l'esperienza sessuale migliore di sempre.

15. La Colazione Speciale

Questa posizione è per lo più indirizzata ad aiutare le donne a raggiungere un orgasmo migliore. La donna non necessità di stare distesa sul tavolo della colazione poiché ha bisogno di poggiarsi sui propri gomiti e spingere le anche e le gambe in alto. L'uomo deve sedere su una sedia di fronte al tavolino e spingerle le gambe sulle sue spalle, per poi abbassare la sua bocca sulla vagina e donarle un erotico e fantastico sesso orale. Più in profondità va la lingua, migliore sarà l'eccitazione e l'energia sessuale.

La potente sensazione che si innescherà è destinata ad aiutare le donne ad arrivare a diversi livelli di orgasmo. Per coloro che desiderano passare al livello successivo, l'uomo può stare in piedi sulla sedia e tenerle le gambe fermamente tra le mani e poi spingere la propria erezione nell'orifizio dopo averla stuzzicata abbastanza con il suo cunnilingus.

Questa è una delle posizioni sessuali hardcore migliori che garantisce di portare alcuni tra i risultati più sorprendenti per entrambi i partner.

16. La Posizione della Fantasia

Questa è la posizione sessuale hardcore migliore per coloro che hanno bisogno di un livello di soddisfazione ancora più elevato.

Per questa posizione sessuale avrete bisogno di un pallone da fitness.

La donna si posiziona sul pallone da fitness e le sue braccia e gambe sono in appoggio. Lei utilizza una delle sue braccia per guadagnare la giusta forza, dopodiché alza una delle sue gambe verso l'altro. L'uomo si inginocchia posizionandosi tra le sue gambe per poi prendere la gamba sollevata di lei e spingerla dietro la propria spalla. Ottenuto il giusto spazio per stuzzicare un po' la sua vagina, inizia poi a strofinare il clitoride. Ciò potrebbe donarle un massaggio erotico interessante, e nel momento in cui lui spingerà il proprio pene nel suo orifizio, che dovrà essere bagnato e gonfio a questo punto, lei proverà di sicuro un orgasmo indimenticabile.

Questa posizione è conosciuta per essere una delle migliori per godere del più elevato livello di soddisfazione e piacere sessuale possibile, dal momento che dona ad entrambi abbastanza spazio per visualizzare l'intero scenario e goderne al massimo.

Con ciò detto, queste sono alcune delle migliori posizioni sessuali hardcore che le persone probabilmente apprezzeranno maggiormente. Ricordate, la regola più importante è che non ci sono regole se si parla di sesso, perciò dovreste desiderare di provare tutto ciò che potete.

Siete liberi di inventare le vostre mosse finché vi dona piacere e vi fa sentire completi. Più vi accarezzerete e giocherete l'uno con l'altro, migliori saranno le chance di godervi il sesso.

Il sesso, difatti, non dovrebbe mai esser fatto come fosse una routine, dal momento che ciò lo priverebbe dell'elemento di divertimento. Lasciate che la passione più pura vi consumi; è proprio provando questi stili diversi e nuovi che sarete destinati a trovare sempre qualcosa di nuovo nell'altro ogni volta che farete sesso.

La chiave è mettere sempre qualcosa di nuovo sul piatto. Abbiamo tutti lo stesso corpo ma quando si cambia posizione nel sesso ci si sente come se si stesse esplorando un territorio totalmente nuovo. Nessuna delle posizioni sessuali è impossibile da raggiungere; tutto ciò che è necessario è la giusta flessibilità del corpo e la capacità di trovare l'equilibrio.

Non lasciatevi soggiogare da tutti questi dettagli in un solo colpo. Nessuno vi sta imponendo di fare tutto nella stessa settimana. Ora che conoscete le posizioni sessuali hardcore che la maggior parte degli esperti ha messo in pratica, la chiave è provarne e sperimentarne alcune. Sentirete di sicuro l'aumento del vostro desiderio sessuale nel momento in cui le proverete.

Queste sono posizioni sperimentate e testate per un aumento di piacere ed un'esperienza sessuale migliore. Coloro che stanno lottando contro complicazioni nella propria intimità dovrebbero assolutamente provarci. Ogni atto è destinato ad esser percepito diversamente e potrai sentirti come se stessi ricominciando da capo ed il sesso potesse essere molto più eccitante e divertente.

La cosa migliore di queste posizioni di sesso hardcore è che potreste improvvisare per semplificare o addirittura accrescere ulteriormente la complessità. La chiave in questo caso è trovare il terreno comune migliore per entrambi i partner coinvolti e poi seguire il flusso. La giusta posizione sessuale è destinata ad avere un impatto positivo e duraturo su una relazione poiché, in fin dei conti, tutti noi abbiamo dei bisogni che dobbiamo soddisfare.

Perciò non siate timidi e cercate di esplorare il vostro corpo. Potete provare a masturbarvi e gingillarvi con alcune delle posizioni descritte per vedere cosa vi stuzzica di più. Quindi, se state pianificando di svelare una sorpresa sexy al vostro partner in modo da poter far rivivere il brio perduto, ora hai tonnellate di idee fantastiche tra cui scegliere.

Scegliete una qualsiasi delle posizioni precedentemente descritte, ricreate lo slancio e cogliete di sorpresa il tuo partner. Assicuratevi di annotare nel vostro diario come si è rivelata l'intera esperienza. Una volta che iniziate a divertirvi, nulla vi fermerà dal provare tutte queste posizioni.

Buon orgasmo!

Capitolo 5: Posizioni Sessuali Sperimentali

Come abbiamo sempre evidenziato sin dall'inizio del libro, il sesso si basa interamente sulla sperimentazione e sull'introduzione di nuovi sapori. Quando siete anziani e muovete a malapena il vostro corpo, è il desiderio di fare sesso e provare ancora qualcosa di nuovo che fa andare avanti il vecchio gioco.

Non solo questo, se rifletti sul concetto di appuntamenti con cougar, dove un uomo più anziano si innamora di una donna più giovane o viceversa, qual è il fattore scatenante fondamentale che vi si cela dietro? Naturalmente, ha a che fare con il desiderio di sperimentare, imparare cose nuove, provare qualcosa che possa condurre ad un cambiamento e allo stesso tempo saziare i desideri intimi del proprio corpo.

Con ciò premesso, se state cercando di destare questo cambiamento nella vostra vita in camera da letto, dovreste esser pronti per il sesso sperimentale. Ricordate, la cosa buona del sesso è che puoi sempre immettere il tuo tocco personale. Non esiste un regolamento specifico da seguire. Di fatto, procederemo ad elencare alcune pose e specifiche posizioni da poter sperimentare. Tuttavia, qualora sentiste che non ci sia nulla di divertente e che si tratta più di un esercizio tedioso, la cosa più semplice ed intelligente da fare è optare per un'alternativa oppure per la vostra pozione sessuale preferita. L'idea è semplicemente di non arrendersi e di provare a fare qualcosa fuori dall'ordinario.

Ci sono tantissime coppie che passano ore a provare una posizione diversa ma alla fine finiscono per tornare alla pecorina o addirittura al missionario. Indipendentemente da ciò, sono l'impegno ed i preliminari che danno il via alla performance, che li fa andare avanti e ringiovanisce sia il corpo che la mente.

A questo punto, siete pronti a provare alcune delle posizioni sessuali più sperimentali? Prima un avvertimento. Dato che stiamo parlando di pose sessuali sperimentali, ci avventureremo in sesso a tre e anche un po' di BDSM. Quindi, dovrete tracciare la vostra linea di confine e trovare ciò che risulta più rassicurante per voi, per poi agire di conseguenza. Solo perché qualcosa è menzionato nel presente libro, non significa che necessariamente dovrete buttarvi e provarlo.

Prima di arrivare ad analizzare le posizioni sessuali sperimentali che vi consigliamo di provare, dobbiamo prima stabilire alcune regole di base in modo che sappiate a cosa state andando incontro. Grazie a queste regole, dovreste essere in una posizione migliore per capirne le specifiche. Ciò che vogliamo trasmettervi è che quando si parla di sesso, siete di fronte ad un regno libero, ma la decisione dovrebbe essere reciproca.

- Siate consapevoli di quello che state facendo. Se tutti noi amiamo il sesso da ubriachi, ricordate che quando siete on

una fase sperimentale, è meglio essere pienamente coscienti e consapevoli di ciò in cui ci si sta buttando. Fidatevi di noi: essere ubriachi e fare una cosa a tre sarebbe un'idea terribile se il vostro partner lo scoprisse, e voi non potreste far altro che rimpiangere.
Perciò assicuratevi che tutti i coinvolti siano pienamente consapevoli e coscienti di ciò che stanno per fare.

- Cercate di comprendere le posizioni in maniera chiara: dovete capire bene la posizione giusta che avete intenzione di provare. Allo stesso tempo, dovreste avere un'immagine chiara per quanto riguarda i genitali maschili e femminili. L'ultima cosa che vorrete è finire con un pene dolorante o lasciare un brutto segno sulla vagina della vostra partner. Non portate l'esperimento a livelli tali da finire di recare danno all'altro. Siate consapevoli del corpo dell'altro e dei limiti della posizione sessuale.
Se non risulta essere piacevole, sappiate fermarvi: solo perché abbiamo fatto riferimento ad una posizione qui non significa che dovere per forza depennarla dalla vostra lista dei desideri. Non dimenticate mai il fatto che il sesso è tutto basato su passione e divertimento. Nel momento in cui qualcuno di voi sente che l'intera esperienza si sta scoprendo sgradevole, vi consigliamo di fermarvi immediatamente. Non lasciate che il fattore divertimento svanisca, poiché il sesso senza divertimento non serve a nulla. Inoltre, è sempre buona cosa improvvisare. Nel momento in cui sentite che una certa situazione appare sgradevole, provate a cambiare marcia e muovetevi un po' per trovare il vostro spazio di comfort in cui poter portare il gioco nuovamente più in alto.

- Aumenta lo slancio: alcune delle posizioni potranno sembrare un po' complicate. Vi consigliamo di iniziare da posizioni basiche per poi lentamente cambiare marcia e provarne di più difficili. Una volta che sei nel tran tran, è più facile cogliere lo slancio. Per questo motivo i preliminari sono così importanti nel sesso sperimentale. Vi permetteranno di esplorare territori sconosciuti e quando sarete già nel ritmo, provare posizioni difficili diventerà ancora più facile.

- Mantenete viva la comunicazione: dovete comunicare a tutti i costi. Solo perché state andando a letto insieme non significa che tutto ciò che dovete fare è gemere. È stato osservato come i partner che parlano mentre fanno sesso sono molto più intimi e condividono un livello più profondo del legame. Inoltre, avere la giusta comunicazione dimostrerebbe che siete in grado di capire se il vostro partner sta godendo di piacere o provando dolore. Questo vi aiuterà anche a creare l'impeto e ad aumentare la velocità in un modo che sicuramente appagherà il corpo. La comunicazione durante il sesso può essere un grande afrodisiaco e può anche aiutarvi a godere di un livello più alto e più profondo di orgasmi.

- Create la vostra lista: anche se abbiamo stilato una delle migliori liste delle giuste posizioni sessuali sperimentali, sentitevi liberi di improvvisare ed ideare il vostro stile. Il sesso significa essere pronti e prendere le decisioni giuste. Chiedete alla vostra partner cosa la eccita e qual è la posizione che ama di più, ed in base alla flessibilità del corpo di cui entrambi godete, sentitevi liberi di esplorare così da fare il miglior sesso della vostra vita.

Ora che abbiamo stipulato le regole, è tempo di immergerci in alcune posizioni sessuali sperimentali. Vi garantiamo che saranno tutte molto divertenti sa sperimentare. Scegliete quelle che vi sembrano più affini ai vostri gusti e alla flessibilità del corpo, e date un'accelerata al vostro gioco erotico.

1. Manette

Se avete visto 50 sfumature di grigio e lo avete amato, non dobbiamo nemmeno spiegarvi nulla di questa messinscena. L'idea dietro questa scena è semplicemente quella di assicurarsi che uno dei partner sia completamente sottomesso mentre l'altro abbia il pieno controllo.

Spesso queste forme di messinscena sperimentali mettono sul piatto sicuramente un tono nuovo nella vostra vita sessuale. L'idea alla base di questa forma di posa sessuale è che ammanettiate la vostra partner legandole le mani dietro la schiena. A questo punto, fatela piegare sul letto.

Dato che lei è ammanettata e non può far nulla con le proprie mani, voi sarete liberi di giocare e stuzzicarla. Per ottenere l'effetto ed il godimento migliore potreste stuzzicarle i capezzoli oppure farle un ditalino mentre si dimena impotente e non può fare altro che gemere e urlare di piacere. Quando sentite di aver sufficientemente dato il via all'impeto, potete poi penetrarla lentamente e compiere movimenti violenti prima di portarla a fare il giro completo e soddisfarla completamente.

Questo è un ottimo modo per le coppie di apportare qualcosa di fresco e nuovo nella propria relazione. Per coloro a cui piace giocare ancor di più, potreste ammanettare il partner maschio e la femmina potrebbe prendere il comando e stuzzicarlo a suo piacimento prima di guidare il suo pene dentro di lei. Pare che ciò sia spesso più potente e molto più intenso.

2. Ginocchia Deboli

Ora questa è per coloro che hanno un debole per il sesso orale. Nel caso del sesso orale, finiamo tutti per conformarci al buon 'vecchio 69. Tuttavia, se volete sperimentare di più nel sesso orale e portare le cose ad un livello più alto, questa potrebbe essere la posizione al caso vostro.

Quando si immette il sesso orale nell'equazione, le cose prendono velocemente una sterzata positiva. Qui uno dei partner deve sdraiarsi sulla schiena e l'altro iniziare a cavalcarne la faccia.

Vi dovete sedere in modo tale che le vostre parti intime siano proprio all'altezza della loro bocca, per consentire loro di fare tutto ciò che desiderano. Dato che le vostre mani sono libere, siete anche in grado di trastullarvi con il corpo del vostro partner e godervi il gioco.

Assicuratevi di invertirvi i ruoli in questa posizione in mood che entrambi possiate avere la stessa chance di cavalcare i genitali dell'altro.

3. Il Cinque

Ora questa messinscena non fa per le coppie regolari che sono I cerca di uno stimolo in più in camera da letto; al contrario è per quelle coppie sperimentali a cui sta bene fare del sesso a tre e sono felici di portarsi dietro una terza ruota mentre stanno facendo il sesso migliore della loro vita.

In questo tipo di posizione sessuale sperimentale, sono coinvolti due ragazzi ed una ragazza, la quale dovrà mettersi a pecorina e a panino tra i due ragazzi.

La sua parte posteriore avrebbe un ragazzo a penetrarla completamente con il suo pene e le farebbe avere un orgasmo. D'altra parte, avrebbe anche un altro ragazzo in piedi davanti al

37

suo viso, a cui farebbe il miglior sesso orale. Lei potrà leccare i testicoli o impugnare il suo pene e provocarlo, facendogli tutto ciò che desidera.

Idealmente, più dura è la penetrazione, più irruento sarebbe il sesso orale poiché la stimolazione ad avere orgasmi tende ad avere questo effetto su una donna. Questo veleno è chiamato "il cinque" perché i due ragazzi possono darsi il cinque mentre uno dà e l'altro riceve. È anche comunemente conosciuta come la posizione della Torre Eiffel.

Quindi, se volete godervi il vero svago e divertirvi, vi consigliamo di farlo a Parigi e sentirvi come se aveste il vostro personale movimento Eiffel.

Tutto questo è assolutamente consigliato solo a quelle persone a cui sta bene il sesso a tre e che non si preoccupano che un altro partner prenda parte alla loro vita sessuale.

4. Il Missionario con l'Anello Fallico

Sicuramente per coloro che si affacciano ora nel territorio dei giocattoli sessuali questo non è troppo sperimentale, ma potrebbe essere una buona scelta. In questa posizione sessuale, l'uomo deve indossare un anello fallico. Gli anelli sono disponibili in diverse varianti, ma vi consigliamo di scegliere quelli vibranti. Questo perché sono proprio le vibrazioni ad innescare alcuni degli orgasmi più potenti di tutti i tempi.

Quindi, non appena l'uomo avrà indossato l'anello fallico, entrambi potrete mettervi nella posizione del missionario e, dopo un'adeguata sessione di preliminari, lui potrà quindi spingerlo nella vostra vagina. Nel momento in cui lo fa e l'anello fallico inizia a vibrare, sarai destinata a provare un piacere vaginale fuori dal mondo. Il movimento oscillatorio avanti e indietro del pene insieme alle forti vibrazioni emesse dall'anello fallico vi aiuteranno sicuramente a provare il sesso più selvaggio che abbiate mai immaginato.

5. 69+1

Tutti conosciamo il classico 69 e quasi tutti l'abbiamo fatto innumerevoli volte. Ad ogni modo, quando parliamo di sperimentare nel sesso e fare cose nuove, uno dei modi migliori è quello di provare un ménage à trois.

È un modo davvero fantastico di mescolare le carte in tavola e vedere che effetto fa. L'idea qui è quella di avere due donne ed un uomo, ma potete di certo mescolare questo abbinamento e avere due uomini ed una donna o qualsiasi cosa preferiate.

Prima di tutto lasciate che due partner vengano coinvolti in un 69 e si pratichino del sesso orale a vicenda ed assicurati di elevare i sensi il più possibile. Mentre i partner sono impegnati in ciò, il terzo penetrerà il partner che giace sopra e darà una direzione completamente nuova al concetto di 69. Questo innesco extra è destinato ad aumentare il passo della persona che viene penetrata, così come la possibilità per il partner sottostante di sentire le vibrazioni incalzanti e l'aumento del ritmo.

Per questo motivo, il singolo partner che sta penetrando la coppia può regolare la velocità del sesso e provocare orgasmi ad entrambi se fatto nella maniera giusta. Sembra divertente no? Ci scommettiamo!

6. L'Ingresso Pubblico sul Retro

Ora, prestate attenzione mentre provate questa posizione. Dovete assicurarvi che stiate agendo nel rispetto delle leggi della vostra città e capire se vi è permesso o meno fare sesso completo in pubblico. Inoltre, è importante calibrare quanto sia rassicurante per entrambi e se questo tipo di sesso sperimentale sia qualcosa che volete prendere in considerazione.

Non è una sorpresa cosa sia il sesso dell'ingresso posteriore. Non è scienza astrofisica e non richiede nemmeno alcuna spiegazione, tuttavia la parte sperimentale qui è che si finisce per farlo in pubblico.

Entrambi devono rimanere in piedi e guardare nella stessa direzione. La donna deve piegarsi più possibile e tenere conto del tipo di conforto che avete. Chinarsi dà al vostro uomo abbastanza spazio per permettergli di penetrarti lentamente da dietro e donarvi un diverso tipo di piacere.

Il brivido di farlo in pubblico è sufficiente per aumentare al massimo il tuo gioco sessuale. Ancora una volta, siate consapevoli delle leggi statali e prendete in considerazione anche il fatto di quanto possano essere indiscreti gli occhi degli sconosciuti. Di certo non volete avere nessuno che filmi la vostra performance e la metta su YouTube per farvi vergognare in seguito.

Perciò fatelo a VOSTRO RISCHIO E PERICOLO!

7. Anale con Vibratore

Il sesso anale è noto per donare alle coppie il giusto tipo di brivido. Non c'è alcun dubbio sul fatto che molte persone a cui piace sperimentare ma non troppo tendono ad adattarsi al sesso anale.

Tuttavia, se state cercando di portare il vostro gioco ad un livello più elevato e volere andare avanti, vi consigliamo di utilizzare un vibratore insieme all'ordalia del sesso anale. La donna può piegarsi a pecorina e l'uomo può penetrarla da dietro.

Mentre lo fa, la donna può prendere il vibratore e spingerselo dentro la vagina. Questo scatenerà il giusto tipo di vibrazione che la aiuterà a raggiungere l'orgasmo in modo migliore e più profondo. Questo tipo di doppio piacere e stimolazione è destinato a donarvi un'ulteriore scossa che può aiutarvi ad aumentare il divertimento che state avendo.

Se state cercando di apprezzare ancor di più la cosa, il vostro partner dovrebbe provare a guidare il vibratore dentro di voi e questo, a sua volta, dovrebbe darvi ancora più piacere. Le posizioni possono anche essere invertite e potete mettere un anello vibrante al pene di lui o qualsiasi altra cosa che inneschi le giuste onde di stimolazione.

8. Il Poggia Spalla

Quelli di voi che amano un po' di flessibilità corporea e sono disposti a contrarre un po' i muscoli per il bene di una notte calda e appassionata di sesso bollente, questa è la posizione che dovete sperimentare.

La donna deve giacere sulla schiena e sollevare la gamba in aria. Il partner deve quindi posizionarsi in modo tale che una delle sue spalle dia sostegno ad entrambe le gambe della donna. Ora, assicuratevi che il pene dell'uomo sia a diretto contatto con la vostra vagina. In questo caso potrebbe essere necessario utilizzare un cuscino sotto il vostro osso sacro o anche inclinarlo leggermente.

Potrebbe volerci un po' di tempo inizialmente per trovare la giusta angolazione, ma una volta che ci riuscite, entrambi sarete pronti a godervi un po' di divertimento. Prendetevi il tempo per giocare con il corpo della donna e fate sì che ogni spinta e tirata vi porti in una corsa sfrenata.

9. La Doppia Cowgirl

Forse anche questa posizione è per coloro che amano il ménage a trois e non sono contro l'avere una terza persona che si unisca al proprio gioco sessuale. L'uomo deve rimanere steso sulla schiena, e con lui ci sono due donne che giacciono nella stessa posizione. Mentre una delle due deve mettersi nella posizione del missionario e dovrà giocherellare con il suo pene e guidarlo nella propria vagina, il ruolo dell'altra donna è quello di sedersi sul viso di lui e aiutarlo a darle una delle esperienze di sesso orali migliori, che possano al contempo donargli a sua volta piacere.

Perciò in questa posizione l'idea è sia di ricevere che dare, ed il fatto che l'uomo goda sia di penetrazione che di sesso orale porta questo esperimento ad essere uno dei migliori per aiutarlo a divertirsi al massimo.

Coloro che abbracciano il concetto di trio dovrebbero di sicuro provare questa posizione per godere di un grande divertimento a letto.

10.   La Posizione del Loto

Questo stile si adatta anche alle coppie più grandi che non sono alla ricerca di qualcosa di troppo diverso dal punto di vista della dinamicità ma tuttavia abbastanza originale da riaccendere la vita in camera da letto. In questo caso, l'uomo deve stare seduto, mentre la donna è inarcata sopra di lui. Lei potrà inginocchiarsi o persino sedersi e stringere le gambe attorno al proprio uomo. Questa posizione ricorda molto quella di un fiore di loto, da qui la specifica nomenclatura.

Uno dei migliori vantaggi di questa posizione è il fatto che è largamente comoda, perciò se volete fare del sesso lento e per tutta la notte, questa è sicuramente la posizione da provare. Pertanto, siate pronti a provocare il vostro partner quanto volete e a condurlo gradualmente dentro il vostro orifizio. Non c'è alcun dubbio, il sesso lento e sensuale finisce per essere sempre un modo fantastico per godere di una buona soddisfazione.

11. Vecchietti Amoreggianti

Ora, questa non è eccessivamente sperimentale, ma le coppie più anziane che desiderano gingillarsi con le posizioni e gli stili sessuali, possono farne buon uso.

Questa posizione è l'ideale anche per chi ama accarezzarsi e coccolarsi prima o dopo il sesso. Entrambi i partner giacciono vicini l'uno all'altro rivolti verso lo stesso lato. Ciò significa che la schiena della donna premerà interamente contro la parte anteriore dell'uomo.

Ora, la donna può divaricare le gambe e posizionare una di esse sopra il proprio uomo. Facendolo, gli donerà abbastanza spazio per farlo giocare con le dita. Questo preparerà il vostro corpo ad una penetrazione profonda e completa. Provate ad ottenere abbastanza spazio per poter spingere la vostra erezione matura nel loro orifizio rigonfio e donare loro il piacere che stava cercando.

Non richiede troppa flessibilità e movimento e dà anche molto spazio per a coccole e preliminari. Quindi, procedete e fate tutto ciò che necessitare per dare vita alla vostra fantasia sessuale.

Quindi, quelle appena descritte sono alcune delle migliori posizioni sessuali sperimentali che dovreste provare se siete dell'umore giusto. Non c'è dubbio sul fatto che ognuna di queste posizioni aggiungerà un po' di malizia e pepe alla vostra vita in camera da letto.

Certamente le posizioni che ricadono nella categoria di trio devono derivare da un mutuo accordo delle parti coinvolte. Non svegliatevi con il rimorso di aver fatto parte di un trio. Assicuratevi di prenderne parte se davvero lo desiderate. Con queste posizioni sperimentali, proverete certamente un nuovo tipo di impulso e vibrazione nel vostro corpo e ciò vi renderà ancor più energici e vigorosi.

Molti uomini anziani che sembrano soddisfatti ed attivi hanno rivolto la loro vitalità ad una vita sessuale attiva. Il sesso ha un modo tutto suo per mantenerti giovane e felice. Eppure, farlo sempre allo stesso modo con il corpo che naturalmente sfiorisce può diventare un po'monotono.

Quindi, provate qualcosa di nuovo e diverso anche se non siete grandi fan di queste posizioni. L'idea è meramente quella di essere disposti a sperimentare e produrre cambiamenti che potrebbero interessare sia giovani che anziani. Finché c'è eccitazione dentro di voi, continuerete ad amare il sesso.

Quindi, prima di proseguire e passare al capitolo successivo, desideriamo che proviate alcune delle posizioni e annotate nel vostro diario come è stata l'intera esperienza. L'improvvisazione nel sesso costituisce il segreto per divertirsi al massimo.

Capitolo: 6 Sesso Anale – Cosa Sapere

Ogni qualvolta si apre una discussione sul sesso, esce fuori il sesso anale. Fa forse parte della categoria sperimentale e magari ognuno di noi ha fatto un tentativo almeno una volta. La questione con il sesso anale è che può essere un po' doloroso e richiede un'attenta valutazione di diversi fattori.

Questo è il motivo per cui andremo ad analizzare la discussione sulla dinamica del sesso anale; vi aiuterà ad avere un'idea più precisa di come farlo.

La Guida Al Sesso Anale

Prima di addentrarci in alcune delle migliori posizioni e in come sfruttare al meglio il sesso anale, è fondamentale venire a conoscenza di alcune precauzioni e fissare alcune regole di base. È cruciale fare attenzione poiché, a differenza del classico sesso vaginale, in questo caso è necessario prendere le giuste cautele.

Allenatevi un po' a livello anale prima di andare fino in fondo

Sconsigliamo di partire impreparati con il sesso anale. Ricordate, se non avete mai avuto nulla nel vostro ano, chiedere direttamente un pene può non essere la mossa migliore. La giusta cosa da fare prima di tutto è sperimentare un po' con dei piccoli giocattoli sessuali, ed è importante poiché stimolerà e provocherà i muscoli anali permettendo al tuo corpo di essere più preparato ad accogliere un pene. Perciò non fate storie e mettete in conto di dover fare un po' di allenamento anale per aiutarvi a rimanere fermi quando arriverà il turno del sesso anale.

Abbiate una discussione reciproca approfondita

Il sesso anale non può esser fatto se è solo uno dei due partner a volerlo. Ricordate, questo è il tipo di sesso ove entrambi i partner devono essere allineati. Detto questo, se durante il sesso anale uno dei due partner prova troppo dolore o disagio, dovreste smettere immediatamente. Non rendete le cose dolorose l'uno per l'altro; alla base deve esserci sempre il godersi il sesso e divertirsi, non farlo sembrare una punizione.

Il Lubrificante è obbligatorio

Tenete sempre a mente che c'è una differenza immane tra la vagina e l'ano. La vagina è stata progettata in maniera apposita per auto-lubrificarsi quando eccitata. L'ano, d'altra parte, non funziona allo stesso modo, perciò se non volete sanguinare copiosamente e sentirvi a disagio, è bene assicurarvi di utilizzare abbondante lubrificante a base di acqua. Facendone uso, si potrà rendere l'intero processo fluido e decisamente più piacevole; non importa quanto ci si possa impiastricciare e sporcare, spalmate tutto il lubrificante necessario alla grande penetrazione.

State lontani dalle creme anestetizzanti

Moltissime persone tendono a scegliere creme anestetizzanti semplicemente perché tolgono il dolore che viene associato al sesso anale. Ad ogni modo, dovete necessariamente comprendere che queste creme possono essere potenzialmente dannose se usate a lungo termine.

Inoltre, utilizzando una crema così anestetizzante, il vostro ano perderebbe completamente la sensibilità e quindi anche nel caso in cui la penetrazione sia troppo profonda o ci sia una ferita, non sareste in grado di accorgervene e dirlo. Questo, a sua volta, potrebbe causare molti altri problemi, quindi, fin quando e a meno che non siate disposti a sopportare il dolore, non optate per il sesso anale.

Provate prima la versione non-penetrativa

Quando fate sesso anale per la prima volta non dovete necessariamente spingere tutto il pene in profondità. Tenete a mente, il sesso è più l'esperienza che l'atto in sé; perciò se volete preparare il vostro corpo ed apprezzare il sesso anale sempre di più, vi consigliamo di iniziare lentamente. Potreste fare cose tipo ditalini o sesso orale, ma non andate avanti con la penetrazione.

In questo modo potete preparare il vostro corpo e la vostra mente per il passo successivo. Dopo una serie di sessioni di sesso orale, magari in quella successiva potreste provare il sesso con penetrazione. Questo preparerà i vostri muscoli anali in maniera migliore.

Non dimenticate mai il preservativo

Dovete assolutamente comprendere che non c'è modo di farlo senza preservativo. Quando si tratta di sesso anale, le possibilità di trasmettere malattie sessualmente trasmissibili ed altre infezioni è davvero molto alta; per questo motivo, al fine di garantire la sicurezza di entrambi i partner coinvolti, bisogna assicurarsi di indossare sempre un preservativo. Esso, difatti, costituisce la pima linea difensiva su cui non dovrete mai transigere o scendere a compromessi a nessun costo.

I preliminari sono importanti

Quando si parla di sesso orale, come abbiamo già detto, non partite subito con la penetrazione, ma iniziate con una buona dose si preliminari per preparare il vostro corpo ed i muscoli anali per il grande evento che seguirà. Ci sono mille tipi di preliminari e opzioni di sesso orale con cui stuzzicarvi e scaldarvi per la grande sfida.

Salvaguardate l'igiene primario

Quando avete a che fare con il sesso anale, assicuratevi di salvaguardare l'igiene primario. Difatti se utilizzate giocattoli sessuali, preoccupatevi di mantenerli puliti. Allo stesso modo, tagliatevi le unghie e lavatevi bene le mani prima e dopo il sesso anale. Spesso è grazie a queste piccole accortezze che eviterete di contaminare il vostro corpo e prevenire la trasmissione di malattie portate dai batteri.

Una volta che sarete ben consci di questi fattori, sarà sicuramente più semplice e soprattutto sicuro procedere con il sesso anale.

Le Posizioni del Sesso Anale da Provare
Ora procederemo ad analizzare alcune delle migliori posizioni sessuali da provare per il piacere di godere di un grande orgasmo e di un'immensa soddisfazione.

1. L'Entrata sul Retro

Questa è di gran lunga una scelta popolare per troppe coppie. È come mettersi a cucchiaio ma questa volta sulla pancia. La donna dovrà sdraiarsi a pancia in giù e divaricare le gambe per dare al proprio uomo l'ampio spazio per penetrarla.

L'uomo ha bisogno di sdraiarsi sopra la partner ed esser rivolto nella stessa direzione. Dopo aver sufficientemente lubrificato, potrà quindi spingere il suo pene dentro di voi e darvi il piacere che stavate anelando.

2. Il Seggiolone

Questa è una delle posizioni più potenti che il sesso anale contempla e che probabilmente donerà ad entrambi un forte brivido. La donna deve sedersi su una sedia in modo tale che il suo sedere sporga da essa, mentre l'uomo dovrà posizionarsi dietro di lei. Potrà inginocchiarsi o persino accovacciarsi in base all'altezza della sedia.

L'uomo dovrà afferrare la vita della propria partner e spingerle lentamente il pene nell'ano; questo dentro e fuori la farà certamente sentire come una sedia a dondolo e vi farà impazzire entrambi per la grande passione.

3. La Cavallina

Questa posizione costituisce una piccola variante della pecorina. Quando mettete in pratica questa posizione, prendete spunto dalla pecorina ma assicuratevi che il seno della vostra donna poggi sul letto. L'elevazione aggiuntiva assicura che l'uomo abbia spazio a sufficienza per spingere la sua erezione dentro la donna.

Ancora una volta, non dimenticate di lubrificare abbondantemente, in modo da rendere l'intera performance fluida e piacevole.

4. La Posizione della Tartaruga

Questa posizione è riservata alle coppie a cui piace giocare al gioco del sottomesso-dominatore. La donna deve stare poggiata sulle ginocchia e poi divaricarle in modo da avere i propri fianchi sollevati in un arco e permettere all'uomo di inginocchiarsi e tirare la vita di lei verso di sé prima di spingere il proprio pene nell'ano e portarla a fare un giro entusiasmante.

Questa posizione può non essere tra le più commode per la donna, perciò siate pronti a improvvisare quando lo desideri.

5. L'Uomo in Fiamme

Ancora un'altra posizione dove l'uomo detiene un ruolo dominante e voi potete ricoprire la parte della sottomessa.

La posizione è semplice, ma avrete bisogno di un tavolino di appoggio o di un divano. Dovrete appoggiarvi sull'estremità del divano, del tavolo oppure del letto in modo che il vostro ano sporga. L'uomo vi si posizionerà a cucchiaio dietro, e dopo aver gradito una buona dose di sesso orale, spingerà il suo pene nel vostro orifizio. È fondamentale che venga assicurato che il tavolo o il divano non vi diano fastidio quando vi appoggiate su di essi. Mettete un cuscino o una coperta, potrebbe essere una buona alternativa.

Questo tipo di sesso anale potrebbe potenzialmente divenire rude dato che l'uomo ha il potere di fare tutto ciò che desidera mentre siete piegate sul tavolo e potete solamente gemere ed urlare di piacere e dolore. Perciò, per coloro che amano il sesso violento, questa posizione è di sicuro un must.

6. Le Porte del Paradiso

Se siete alla ricerca di una posizione anale che sia un minimo sexy, questa fa al caso vostro. In questa posizione, l'uomo deve giacere supino sul letto, divaricare leggermente le gambe ma tenendo i piedi saldamente piantati sul letto. Nel frattempo, la donna dovrà salirgli a cavalcioni ka guardando la stessa direzione dell'uomo. Assicuratevi di posizionarvi in modo che il pene dell'uomo possa trovare il vostro ano e possa lentamente ma fermamente entrare ed appagarvi completamente.

Questa posizione dà la possibilità di poter godere anche di molte coccole, preliminari e anche ditalini, perciò sentitevi liberi di esplorare i vostri sensi prima di diventare spinti e violenti del tutto.

7. Il Fantino
Per quelle donne che adorano avere il proprio uomo in posizione dominante, questa posizione è perfetta. Qui la donna deve sdraiarsi ma senza nemmeno divaricare le gambe.

L'uomo dovrà avvicinarsi da dietro e sedersi sulle ginocchia, dopodiché chinarsi sulla schiena della donna per ottenere l'angolazione migliore e spingere il proprio pene nel suo ano, facendola impazzire con il suo movimento oscillatorio dentro-fuori.

Quelle appena descritte sono le posizioni sessuali anali migliori da poter provare. Ricordate, a prescindere da quale posizione sceglierete, è importante che rispettiate le regole che abbiamo esposto precedentemente. Praticare del sesso sicuro è essenziale per far sì che entrambi i partner ne possano trarre beneficio.

Chiaramente, questo libro non è il Vangelo dato che ci sono infinite altre posizioni da provare. Per questo motivo, sentitevi liveri di ideare qualcosa di nuovo, l'unica regola è non smettere mai di divertirsi!

Quindi, se siete pronti per immergervi nell'esperienza del sesso anale, potete provare alcune di queste posizioni e, come sempre, annotare ciò che provate. Questo vi aiuterà ad essere più preparati per un'esperienza sessuale migliore di sempre.

Capitolo 7: Giochi Sessuali e Giochi di Ruolo

Quanto spesso vi capita di fare giochi di ruolo e cosa ne pensate? Personalmente crediamo che i giochi erotici e quelli di ruolo siano un modo eccellente per migliorare la vita sessuale che avete, per il semplice fatto che danno vita ad un tipo di passione differente.

Perciò se volete fare qualcosa di stravagante e magari sperimentare giochi di ruolo, vi consigliamo vivamente di considerare questa possibilità. Esistono diversi tipi di scenari che potete proporre all'altro, e questo probabilmente manderà su di giri l'eccitazione di coppia e donerà qualcosa di nuovo da conoscere ed esplorare.

Quindi parliamo di alcuni dei possibili giochi sessuali e poi passiamo alle bizzarrie dei giochi di ruolo in cui cimentarsi.

Il Twister-Spogliarello
Abbiamo tutti sentito parlare e giocato almeno una volta al classico gioco da tavolo del Twister. In questo caso, dovete giocare in maniera analoga, l'unica differenza è che ogni volta che qualcuno

sbaglia, deve togliersi un capo di abbigliamento fino a che qualcuno non finisce per rimanere completamente nudo e si può passare direttamente in camera da letto e portare il gioco ad un livello completamente differente.

Obbligo o Verità

Date al classico Obbligo o Verità una svolta. Le domande dovranno essere tutte relative al tema del sesso o delle fantasie sessuali che volete avverare o che avete già vissuto. Quando è il turno dell'obbligo, proponete obblighi sessuali, come ad esempio fammi un pompino, spogliati per me, fammi una lapdance, fai pole dance ecc. L'unica cosa che dovete ricordare in questo caso è che il gioco dovrebbe esser fatto di comune accordo e i confini ben definiti prima di iniziare.

I Dadi del Sesso

Potete acquistare i dadi del sesso presso un negozio per adulti o creare direttamente voi due serie di appunti: in una dovreste segnare il nome della parte del corpo, mentre nell'altra le azioni sessuali che dovete compiere.

Un partner dovrà estrarre un bigliettino da una serie e l'altro dalla seconda. Tutto ciò che dovete fare è compiere l'azione sulla parte del corpo selezionata e vedere chi fa cosa meglio. Sarà un modo fantastico per divertirsi a letto.

Chiaramente ci sono infiniti altri giochi da poter provare. Difatti, qualsiasi gioco da tavolo può essere trasformato in un gioco sessuale dandogli una nuova sfumatura. Anche i giochi di sfida potrebbero essere trasformati in giochi sessuali, immaginando un obbligo legato al sesso alla fine del round.

Quindi, date sfogo alla vostra immaginazione e lasciate che il sesso sia il faro nei giochi e che vi regali una notte piena di divertimento.

Ora che abbiamo parlato dei giochi sessuali, sposteremo la nostra attenzione sui giochi di ruolo. Se non vi siete cimentati molto nei giochi di ruolo, desideriamo che tu lo faccia semplicemente perché una volta che provi il brivido, non saprai tornare indietro. La cosa più bella dei giochi di ruolo è che il non esistono limiti all'immaginazione. Potete fare tutto ciò che vi viene in mente, dal momento che non c'è assolutamente nessuno che può fermarvi!

Le Sessioni dei Giochi di Ruolo

Perché farlo?

Quando parliamo di sessioni di giochi di ruolo, la prima cosa in assoluto di cui parlare è perché dovreste provarli. Abbiamo dei validi motivi per farlo.

- ✓ Imposta il ritmo per il resto della nottata erotica che vi aspetta
- ✓ È un modo eccezionale per mettere un po' di pepe
- ✓ Vi fa sentire diversi
- ✓ Supporta i partner nel sentirsi più uniti e aperti alla sperimentazione
- ✓ È un modo fantastico per rendere il sesso divertente
- ✓ Dona molto spazio per provare cose nuove

Quindi a questo punto, dato che le ragioni per cui fare un tentativo sono chiare, ci concentreremo su alcune idee per possibili giochi di ruolo che potranno stimolarvi a provarli stasera con il vostro partner. Tenete a mente che non c'è limite nei giochi di ruolo, ed una volta che lo avrete capito, difficilmente riuscirete a farne a meno.

1. Il Professore e La Studentessa

Chi di voi non ama una bella storia d'amore universitaria? Abbiamo tutti fantasticato su uno dei nostri professori a scuola o all'università, periodo in cui i nostri ormoni erano a mille.

Quindi, in questo caso, uno dei due potrà ricoprire il ruolo del professore ed assicurarsi di indossare una cravatta e degli occhiali, e nulla più: questo vi renderà un professore estremamente sexy. Potete impugnare una riga in mano oppure il gesso per rafforzare lo scenario.

Se l'altra partner dovrà vestirsi come una collegiale, optate per dei codini oppure per una treccia. Potreste indossare un rossetto rosso ed un'uniforme scolastica sexy.

A questo punto la studentessa dovrà avvicinarsi al professore, il quale la rimprovererà per essere stata una ragazza cattiva. Lei, a sua volta, chiederà al professore di aiutarla con i compiti, ribadendo che farebbe qualunque cosa in cambio. Assicuratevi di mostrare la scollatura o il vostro sedere quando lo fate, in modo che lui possa sculacciarvi ancora una volta per esser stata cattiva. Fate ciò che vi appaga e create uno sceneggiato tale da far sì che entrambi non riusciate più a trattenervi! Saltate sul letto e finite la lezione!

2. Il Capo e l'Impiegata

Una volta che avrete terminato con la storia d'amore universitaria, perché non andare direttamente in ufficio? Il vostro uomo potrebbe essere un capo cattivo e potrebbe indossare un soprabito senza però i pantaloni. L'uomo dovrà utilizzare una voce rigida e severa, mentre la donna potrebbe vestirsi come una normale impiegata o persino indossare semplicemente i tacchi, e poi nella scena potrebbe dire cose come "Ops, ho dimenticato i miei abiti, me la caverò boss?"

L'idea qui è quella di avere una scrivania a disposizione ed arraparsi a vicenda. Provate ad alludere a del sesso bollente e arrabbiato, l'impiegata potrebbe essere sottomessa ed avere il capo nel ruolo del dominatore.

3. Il Dottore e l'Infermiera

Chi dice che gli ospedali non possono essere divertenti? Potreste interpretare il ruolo di un'infermiera sgualdrina e birichina e di un dottore le cui mani finiscono per scivolare sul sedere dell'infermiera ogni volta che vuole operare.

La scena può diventare decisamente sensuale e potrete riprodurla all'infinito. L'infermiera potrebbe lamentarsi di un possibile dolore alla vagina, mentre il dottore potrebbe penetrarla con le dita e verificare cosa non va.

Ancora una volta, tutto sta nelle mani della vostra immaginazione, ed una cosa è certa, non si può assolutamente negare che il gioco di ruolo sia davvero divertente!

Se desiderate di ravvivare le cose a letto e volete intravedere un'eccitante vita sessuale davanti a voi, vi consigliamo vivamente di aggiungere una buona dose di giochi di ruolo e giochi sessuali. Sono proprio queste piccole cose che sicuramente definiranno un cambiamento nel vostro desiderio sessuale.

Quindi, se non vi siete ancora avventurati in questi campi, vogliamo che lo facciate ora ed osserviate ciò che provate. C'è una grande probabilità che amerete l'esperienza e ne diverrete dipendenti.

Capitolo 8: Sex Toys Ed Accessori per Scaldare l'Atmosfera

Fate uso di sex toys? Quanto siete a vostro agio con l'acquisto di accessori sessuali che possono esservi di aiuto ad ottenere un'eccitante vita in camera da letto? Dovete sapere che non c'è assolutamente nulla di sbagliato nell'usare sex toys. Recatevi nei sexy shop per adulti ed esplorate la vasta gamma di prodotti che sono a disposizione sul mercato. Vi aprirà la mente ad un mondo di nuove possibilità.

Contemporaneamente, se non volete andare da nessuna parte, potete semplicemente rivolgervi ad un negozio online ed ispezionare le vaste opzioni disponibili. L'idea è di aprirsi alla possibilità di utilizzare questi giocattoli ed esser testimoni di come effettivamente aiutino a scaldare l'atmosfera.

Quindi, ecco alcuni delle possibili ragioni per cui dovreste optare per i sex toys.

Allentare la pressione

Non c'è assolutamente alcun dubbio sul fatto che l'uso di sex toys allenterà la pressione per entrambi i partner. Le donne a volte hanno più difficoltà a raggiungere l'orgasmo e potrebbero aver bisogno di stimoli esterni per raggiungere il proprio apice. In questi casi, avere i migliori sex toys potrebbe rendere le cose più facili e diminuire la pressione sul vostro partner.

Il fatto che una donna abbia o meno raggiunto un orgasmo non è direttamente connesso alle performance del suo partner. Quindi, sentitevi liberi di usare tutto il potenziale dei sex toys per godere del giusto tipo di stimolazione e godervi così orgasmi migliori.

Vita sessuale migliore

Grazie ai sex toys potrete esplorare le vostre parti intime ancor di più, portando le esperienze sessuali ad un livello più profondo e migliore. Ci sono diverse donne che hanno provato i sex toys dopo molte perplessità, ma che poi in fin dei conti si sono divertite moltissimi già al primo tentativo. Potreste anche diventarne dipendenti. Quindi, l'idea è semplicemente quella di rimanere aperti all'idea di esplorare e cercare di ricavarne il miglior tipo di piacere.

Cercate di coinvolgere il vostro partner il più possibile, poiché ciò renderà la notte bollente, erotica ed appassionata.

Potete fare un uso intelligente di sex toys telecomandati, dildo telecomandati, morsetti per capezzoli, manette e altro ancora.

Masturbazione Reciproca

Avete mai provato con la masturbazione reciproca? È risaputo che sia un afrodisiaco potentissimo. Se entrambi utilizzate sex toys, potete sedervi insieme ed utilizzarli nella masturbazione.

Questo può rivelarsi perfino vantaggioso, dato che quando vi masturbate di fronte al vostro partner, sarà in grado di vedere cosa vi piace e cosa vi eccita. Questa informazione potrebbe essere importantissima per quando farete sesso in seguito.

Inoltre, gli uomini sono noti per avere un debole per l'osservare le donne masturbarsi. Perciò, quando usate sex toys, spingete un dildo dentro di voi e venite, il vostro uomo si arraperà moltissimi e più tardi potrebbe regalarvi una lunga cavalcata selvaggia.

Ottimo modo per dar vita alle vostre fantasie sessuali

Abbiamo tutti delle fantasie sessuali bollenti che desideriamo trasformare in realtà. Quindi, se anche voi avete dei desideri profondi, oscuri e segreti, potete provare a far sì che si avverino. Il modo migliore per realizzarli è acquistare sex toys che possano aiutarvi a metterli in scena e godervi il tempo al massimo.

Sentitevi liberi di giocare con la vostra immaginazione e vedere come dà il via al percorso per avverare le vostre fantasie sessuali.

Utilizzarli insieme potrebbe rafforzare il vostro legame

Molte coppie hanno riscontrato come uscendo insieme per comprare sex toys ed accessori per riaccendere il gioco sessuale, il loro legame si sia rafforzato e la loro unione sia migliorata. Ci sono molti modi in cui potreste sentire il calore e la passione accrescere tra voi, e scegliere di comperare sex toys potrebbe essere uno di questi.

Quindi, ci sono infinite ragioni per procedere ed acquistare sex toys. La cosa fondamentale qui è concedersi in maniera proporzionale al sentirsi a proprio agio. Ricordate, con il vostro partner non dovrebbero esserci preoccupazioni di sorta e dovreste essere entrambi totalmente trasparenti l'uno con l'altro.

Quindi, vivetevi ogni fantasia sessuale e ampliate la vostra zona primaria di comfort scegliendo di acquistare il giusto tipo di sex toys ed accessori sessuali. Recatevi in un sexy shop e guardate cosa hanno per voi. Portate a casa qualcosa di nuovo e sperimentatele in piena libertà. Ogni movimento di sicuro vi avvicinerà e aiuterà ad esser testimoni di qualcosa di sorprendente.

Quindi, se siete pronti per svecchiare la vostra vita sessuale, uno dei modi più intelligenti per farlo è introdurre sex toys nella vostra vita. Rimarrete sicuramente stupiti di quanto sia vasto questo mondo e di quanto ne potete prendere iniziativa. Acquistate una cosa alla volta e quando vi sentite quasi dipendenti dall'esperienza, andate a comprare e compra altro che eccita entrambi.

Ormai è risaputo che i sex toys portano un enorme cambiamento nella dose di passione di coppia poiché apportano una nuova ottica a quella già esistente. Anche quando sentite la passione affievolirsi un po', con i sex toys giusti, potreste riuscire ad accenderla ancora una volta. Si tratta solo di sperimentare e godersi ciò che l'esperimento ha da offrire.

Quindi, assicuratevi di fare un tentativo avventurandovi in questo territorio e, ancora una volta, annotate quanto è stata bella o surreale l'intera esperienza. Siate sempre vocali con il vostro partner e ricordate che entrambi dovreste essere sulla stessa lunghezza d'onda. Non appena uno di voi si senta a disagio, se ne dovrebbe interrompere subito l'uso, poiché il sesso non dovrebbe mai tradursi in un'imposizione delle proprie scelte al partner ma esser frutto di reciproco consenso e accordo; è solo allora che il vero divertimento inizia a farsi sentire.

Capitolo 9: Il Diario del Sesso

Dopo aver esaminato così tanti dettagli, ora faremo luce sui migliori fatti sessuali. A volte, sono queste piccole cose a creare la passione. Mentre alcune possono essere decisamente erotiche, altre sono un ottimo strumento per solleticare il tuo senso dell'umorismo.

> ➢ In media, ognuno di noi fa sesso circa 103 volte all'anno (quasi una volta ogni tre giorni!)
> ➢ Le donne in media fantasticano sul sesso circa 34 volte al giorno. È probabile derivi dagli ormoni a mille.
> ➢ Circa il 48% delle donne è risaputo abbia finto un orgasmo
> ➢ Se desiderate godervi un livello supremo di orgasmo, dovreste astenervi da ogni attività di tipo sessuale per circa 3 settimane. Questo aumenterà esponenzialmente il vostro testosterone e vi permetterà di sperimentare un piacere sessuale decisamente intensificato.
> ➢ Il 21% degli uomini hanno ammesso di guardare il porno a lavoro. Non c'è da stupirsi che il settore stia ancora andando forte.

- Il sesso è un potente anti-stress che può aiutarvi a bruciare calorie e rimanere attivi e in allenamento.
- In media, l'eiaculazione maschile contiene dai 2 ai 5mm di seme. Per avere un'idea delle possibilità di rimanere incinta, questo a sua volta, conterebbe qualcosa come dai 40 ai 600 milioni di spermatozoi.
- Il 76% degli uomini sono dell'opinione che non fare sesso potrebbe essere fisicamente pericoloso per loro.
- 30 minuti di sesso brucerebbero circa 200 calorie
- Fare sesso una volta a settimana potrebbe diminuire il rischio di patologie cardiovascolari del 30% negli uomini.
- Gli orgasmi femminili sono più duraturi di quelli maschili. Le donne possono avere orgasmi per 20 secondi mentre quelli maschili tendono a non durare oltre i 6 secondi.
- La soglia del dolore per un individuo aumenta in modo significativo durante il sesso.
- Dopo gli uomini, sono le lesbiche ad essere note per avere il maggior numero di orgasmi
- Gli orgasmi ai capezzoli esistono e possono aiutare le donne a provare un piacere sessuale estremamente intenso.
- Le mele sono note per migliorare la vita sessuale delle donne
- Il sesso può costituire uno strumento eccezionale per combattere febbre e comune influenza
- Gli uomini francesi tendono ad avere i peni più lunghi, registrando lunghezze di 6.2 pollici, mentre i Sud Coreani solamente 3.6 pollici. (Le donne ora sanno quale paese scegliere per andare a caccia di buone scopate).
- L'uso dei lubrificanti aumenta di certo le possibilità di raggiungere un orgasmo.
- In media, su scala globale avvengono 100 milioni di rapporti sessuali ogni giorno.
- Le coppie greche sono note per avere la vita sessuale più attiva in assoluto, con una media di 164 rapporti l'anno. Il

Brasile segue con 145 volte l'anno. La media mondiale è sulle 103.

Come avete visto, questi sono alcuni dei fatti sessuali più singolari che darebbero un'indicazione di quanto sia importante il sesso nella vita di tutti noi. Tuttavia, alcuni di noi hanno l'idea errata che il sesso si limiti ad avere un pene nella vagina. Ma c'è molto più di questo.

Sesso e Relazione

Se non volete più far sesso libero ma siete alla ricerca di una relazione significativa, dovete comprendere che il sesso non si limita al letto. Ci sono molte cose che potete provare in coppia per rafforzare il legame che condividete.

Parlare. Discutere.

Per quanto riguarda le coppie, parlare e discutere sono un fattore di vitale importanza. Più parlerete, più saprete l'uno dell'altro. Così, anche nel caso soffriste di qualche problemino nella sfera sessuale, dovreste essere disposti a parlarne. Avere una discussione chiara non solo aiuta a colmare il divario, ma avvicina anche le persone e crea un legame consono tra loro.

Regalatevi sorprese sexy

Anche se il focus non dovrebbe rimanere sempre e solo sulla penetrazione completa, sentitevi liberi di regalare sorprese sexy di tanto in tanto. Acquistare lingerie sexy per la vostra ragazza o vestirvi in modo sensuale la sera in occasioni fortuite è un ottimo modo per accendere la passione.

Baciatela tra una frase e l'altra o regalatevi appuntamenti romantici e selvaggi senza pianificare troppo. Sono queste piccole cose che mantengono forte il brio dell'amore.

Esplorate insieme

Il sesso è apprezzato al meglio quando le due persone sono coinvolte allo stesso livello. Perciò provate sempre a coinvolgere il vostro partner a vostro piacimento. Farlo vi aiuterà di certo a comprendere bene cosa li eccita, ed aiuterà anche voi a godervi al meglio l'esperienza.

Uscite insieme

Pianificate spesso di uscire insieme, rompete la monotona routine e provate ad escogitare modi nuovi e stimolanti per mantenere le scintille accese. Non smettete mai di vestirvi l'uno per l'altro.

La fiducia non dovrebbe mai vacillare

La fiducia che ciascuno di voi ha riposto nell'altro non dovrebbe mai vacillare. Essa è alla base di ogni relazione e deve rimanere sempre forte. Ci si può godere il miglior sesso quando i partner si fidano completamente l'uno dell'altro.

Rivivete vecchi appuntamenti

Nel momento in cui desiderate dare ulteriore considerazione alla vostra relazione, uno dei modi migliori per farlo è rivivere i vecchi appuntamenti. Visitate il luogo dove vi siete incontrati per la prima volta, fate il check-in nell'hotel in cui avete trascorso la luna di miele e fate tutto ciò che vi viene in mente. Queste cose favoriscono a riattizzare la fiamma del romanticismo e danno un motivo in più per contorcervi a letto tutta la notte.

Fate la vostra lista sessuale

Parlate delle cose che avete il piacere di fare, delle fantasie che avete, le posizioni che amate e cosa vorreste fare l'uno al corpo dell'altro. Questo fornirsi reciprocamente i dettagli spesso fa sbocciare il vostro corpo e dona alla vostra mente la giusta raffica di emozioni positive, che a loro volta potrebbero suscitare il più potente degli orgasmi.

Concentratevi sull'esperienza piuttosto che sull'esito

Molte persone si lamentano così tanto sull' ottenere un orgasmo e sulle dimensioni del pene che finiscono per sabotare l'intera esperienza. Il sesso non deve essere per forza associato all'ottenere un potente orgasmo o all'avere un pene lungo e turgido. Si tratta piuttosto di perdersi nel momento. Ricordatevi di fare sesso sensuale una volta ogni tanto.

Mentre a tutti piace gustarsi un panino caldo a letto, coì come il non riuscire a togliersi le mani di dosso, nemmeno la sensualità associata al sesso dovrebbe esser sottovalutata o messa in secondo piano. Imparate a sprofondare nei loro occhi, baciarli in maniera sincera ed amarli con tutto il cuore.

Se sarete in grado di seguire tutte le indicazioni sopra menzionate, siete pronti ad avere la relazione migliore e più felice che possiate immaginarvi. Il sesso è parte integrante di ogni relazione felice, ma ci sono anche molte altre sfumature multicolori da tenere in considerazione.

Quindi, siate sempre pronti a fare quel passetto in più, perché cos'è la vita se non un libro pieno di ricordi. Ricordatevi di fare in modo che ogni momento conti e raggiungete l'apice dell'esperienza a letto facendo le coccole notturne più incredibili ed il sesso con la persona che ami di più.

Sentitevi liberi di annotare ancora una volta le vostre esperienze nel diario e lasciate che il vostro partner lo legga. Ci sono poche cose così preziose e straordinarie come sapere cosa sei per la persona che ami.

Provatelo, funziona sempre!

Capitolo 10: Il Ruolo Del Sesso Nella Tua Vita

Se vi sentite un po' sopraffatti o stanchi, è nostro dovere ricordarvi che il sesso è davvero importante nella vita di una coppia. Abbiamo avuto modo di incontrare diverse coppie che hanno sofferto di alcuni problemi nel loro matrimonio. Uno dei motivi principali tra questi è proprio la carenza di passione e l'evitamento nella propria vita sessuale.

Il sesso non è solo istinto animale. Nella maggior parte dei casi, quando si fa sesso con qualcuno, è probabile che ci si senta coinvolti. Non importa quanto ribadiamo che sarebbe una relazione senza fronzoli, il sesso tende ad incasinare il vostro cuore ed il vostro cervello.

Quindi, quando fate sesso con qualcuno, è probabile che vi connettiate con loro a un livello più profondo. Per questo motivo la mancanza di sesso ha un'influenza profonda ed impattante sulle coppie e potrebbe ampliare il distacco tra loro e creare ulteriori problemi.

Lasciate che vi diciamo alcune delle ovvie ragioni per cui non dovreste fare a meno della passione nella vostra vita.

Il Sesso è un anti-stress

La routine della vita quotidiana può essere molto stressante per tutti, sia che si tratti di un capo che vi sta sempre con il fiato sul collo o del lavoro che fa schifo o delle situazioni in generale. La vita ha un modo di mettere a soqquadro la vostra mente. In questi casi, pertanto, il sesso potrebbe venire in vostro soccorso. La scienza ha dimostrato che il sesso tende a frenare i livelli di stress e aiuta a godersi meglio la vita.

Il sesso rattoppa la relazione

Anche se può sembrare che voi due vi stiate allontanando, provate a mettere in pratica le cose che abbiamo menzionato precedentemente nel libro e provate a fare un'ora di sesso bollente. Constaterete di sicuro una differenza nella vostra vita. Il sesso è un ottimo modo per colmare le lacune in una relazione ed avvicinarsi. Difatti, condividendo una relazione fisica, anche i vostri cuori saranno indubbiamente uniti poiché i sentimenti prima o poi vengono coinvolti.

Il sesso mantiene giovani

Vi siete mai imbattuti in una vecchia coppia sempre allegra e dinamica? Molte di esse attribuiscono questo effetto al sesso e all'amore. Sia il sesso che l'amore, difatti, riescono a mantenere giovani e felici. Quando si corteggia qualcuno e non si vede l'ora di vederlo e dormirci insieme la notte, ti danno qualcosa a cui aggrapparti. Questo accende anche il giusto flusso di ormoni e mantiene giovane.

Il sesso aiuta a mantenervi attivi

Coloro che hanno una vita sessuale attiva hanno molte più probabilità di rimanere attivi nel tempo. Nessuno pretende che facciate sesso ogni giorno, ma assicuratevi che faccia parte della vostra routine. Ciò darà garanzia che il vostro corpo rimarrà flessibile e attivo.

Quindi, queste sono alcune delle infinite ragioni che dovrebbero persuadervi del fatto che la passione dovrebbe essere mantenuta sempre viva in una relazione. La vita diventare faticosa, ma sta a voi condirla con la giusta dose di vitalità. Quando siete felici e innamorati, perché non buttarvi a letto e divertirti un po'?

La cosa migliore del sesso è che non esistono regole. Siete liberi di fissare i vostri confini e le vostre dinamiche su come vorreste fare sesso, ma continuate ad andar dietro al vostro partner e rimanete sempre provocanti a letto. È responsabilità di entrambi i partner mantenere il matrimonio felice, forte e vivo.

Quindi, fate tutto ciò che è in vostro potere per sentire la passione! Pensate ai bei vecchi tempi in cui riuscivate a malapena a tenere le mani apposto e lasciate che la vecchia fiamma funga da grilletto per innamorarvi di nuovo. Sesso e amore vanno di pari passo e dovete divorare il corpo da cui siete sempre stati attratti.

Questi piccoli atti di passione spesso danno la spinta necessaria per fare molte altre cose magnifiche con il vostro corpo. Per questo abbiamo condiviso con voi molte idee ispiratrici per farvi tornare di nuovo in carreggiata!

Capitolo 11: Le Dinamiche dell'Affinità Sessuale

Avete mai incontrato qualcuno e sentito un tremito nel cuore? Credete all'amore a prima vista? Vi siete mai infatuati di qualcuno al primo sguardo? Queste sono tutte cose normali che accadono nella realtà e fanno parte della cosiddetta affinità sessuale.

Il nostro corpo ha un modo tutto suo di reagire a persone e situazioni diverse. Il modo in cui il vostro corpo reagisce a qualcuno ha molto a che fare con il modo in cui vi fa sentire. A volte potrebbe piacervi qualcuno ma potreste non essere sessualmente compatibili poiché potrebbe non eccitarvi.

Quindi, prima che tu decida di sistemarti con qualcuno, è di vitale importanza considerare che tipo di affinità sessuale di cui state beneficiando. L'affinità sessuale è la ragione per cui molti amici non vogliono diventare partner sessuali. Possono essere grandi amici e possono fare affidamento l'uno sull'altro per molte cose, ma in tema di sesso, il tipo di affinità e bollore che provano l'uno per l'altro potrebbe non coincidere. Di conseguenza, non è importante che i migliori amici siano sempre dei grandi amanti.

Quindi, dovreste sempre cercare di verificare quanto qualcuno sia giusto o meno per voi. In questo senso, vi forniremo alcuni punti per aiutarvi ad analizzare la vostra affinità sessuale.

La vostra idea di note bollente

A volte tutto si fonda solo sul discuterne e trovare ciò che vi più elettrizza. Ciò che dovreste aver chiaro è cosa signifchi per voi una a notte bollente. Se ritenete di essere abbastanza coinvolti l'uno per l'altro e condividete almeno una visione in parte comune di come dovrebbe essere il sesso, significa che entrambi potreste essere compatibili. Tuttavia, se ci sono differenze drastiche a livello di pensiero, è importante andare a letto insieme e sperimentare l'uno con l'altro per capire meglio. A volte, quando due persone cercano cose completamente diverse, potrebbero non star bene insieme a letto.

Le cose che vi accendono potrebbero non eccitare il vostro partner, arrivando così ad avere una vita sessuale terribilmente deludente.

Il Vostro partner prende parte alla vostra fantasia?

Tutti prima o poi abbiamo avuto modo di fantasticare su qualcuno. Quando state analizzando la vostra affinità sessuale, dovreste far sì che possiate capire se tendete a fantasticare su di lui / lei. In questo modo potete valutare in maniera efficace quanto vi piace veramente qualcuno e se vi piacerebbe o meno la sua compagnia a letto.

È fondamentale godere della giusta scintilla di attrazione l'uno per l'altro, altrimenti non sentirete mai la passione all'interno della relazione e le notti saranno lunghe e aride.

Il non riuscire a tenere le mani apposto

Ogni volta che siete insieme, avete sempre l'impulso di afferrarlo / la e cercare un angolo dove potreste trascorrere un po' di tempo insieme e fare cose meravigliose l'uno all'altro? Se questo è il caso, è la prova che entrambi godete di un livello molto alto di affinità sessuale.

Il sesso è un modo primordiale per palesare le emozioni che provate l'uno per l'altro. Quindi, se sentite reciproca attrazione e volete davvero farvi il vostro partner ogni volta possibile, è la prova dell'alto grado di passione di cui disponete. Quindi, dovreste fare in modo di esaminare gli ormoni impazziti che avete in circolo. Questo sarebbe un chiaro indicatore della vostra affinità sessuale.

Dormire insieme

Non c'è modo migliore che dormire insieme per capire qualcosa in più. Trascorrete una notte insieme e fate sesso. Assicuratevi di valutare in maniera onesta come vi ha fatto sentire e ricordatevi, non siate eccessivamente critici. L'obiettivo è solamente capire se voi due vi siete divertiti alla stessa maniera. Se avete voglia di farlo di nuovo e non vedete l'ora di fare di nuovo sesso con il vostro partner, questa è una chiara prova che voi due siete sessualmente affini.

Tuttavia, se l'esperienza non è stata così speciale e in qualche modo non siete nemmeno impazienti di rifare sesso con il vostro partner, questo di sicuro è un segnale di avvertimento che vi invita a prendere le distanze.

Pochissime coppie riescono a stare insieme nonostante il sesso non sia straordinario tra di loro.

Il misura-sentimenti

Mentre molte persone sono convinte che il sesso non abbia nulla a che fare con i sentimenti, vi preghiamo di dissentire. Crediamo che il sesso sia strettamente correlato al tipo di sentimenti che nutrite nel vostro cuore. Di conseguenza, se sentite che il vostro cuore sta mandando dei segnali e provate delle emozioni vere per il vostro partner, è la prova che entrambi siete affini a livello sessuale.

Perciò, tenete bene a mente tutto quanto esposto finora e pesate il tipo di affinità sessuale che avete. Ogni singolo punto farà la differenza per scegliere quel qualcuno con cui davvero desiderate stare.

Non è impossibile decretare se si gode o meno un maggiore senso di affinità sessuale. Siate saggi e fate sesso, la risposta verrà da sé. Poiché abbiamo condiviso con voi così tanti dettagli sulle diverse posizioni sessuali e sui sex toys, spetta a voi capire come meglio agire.

Provate e scegliete le posizioni che vi piacciono ed assicuratevi di annotare come vi sentite in merito. Vi fortificherà e aiuterà a trovare il partner giusto con cui la vita sarebbe molto più divertente ed eccitante.

Capitolo12: Il Fattore Magia A Letto

Quanto siete chiacchieroni a letto? Preferite farlo in silenzio per tutto il tempo o siete i tipi a cui piace esprimere a voce alta ciò che provate quando lo fate? Preferiamo essere vocali a letto perché aiuta ad esplorarvi in profondità a diversi livelli.

Quindi, se siete alla ricerca di alcuni consigli che possano aiutarvi a mantenere le cose elettrizzanti in camera da letto parlando apertamente, delineeremo e metteremo a vostra disposizione alcuni dei migliori suggerimenti. Siamo convinti che gemere in maniera sensuale possa essere eccitante, ma far sapere al vostro partner come vi sta facendo sentire ciò che sta facendo vi donerà un livello totalmente diverso di eccitazione.

Perciò, iniziamo la nostra ricerca per conoscere alcuni dei migliori nodi da poter usare per far salire di livello il vostro gioco a letto.

Mettete in atto quello che state facendo

Ci sono diverse posizioni sessuali di cui abbiamo già discusso in precedenza. Non tutte permettono a ciascuno dei partner di vedere esattamente cosa l'altro gli sta facendo. Per questo motivo, piuttosto che affidarvi semplicemente ai vostri sensi per percepire la passione, vogliamo che vi descriviate l'atto che state compiendo. Quando lo fate, date il ritmo ed il corpo è probabile che arrivi all'orgasmo ancora di più.

Lasciate che le parole completino le vostre azioni. Se state facendo un ditalino alla vostra donna, fatele sapere cosa si prova. Mettendo insieme storie come ad esempio "il dito si muove all'interno del buco umido e gonfio e posso sentire che hai fame di me. Ti piacerebbe avere il mio pene dentro, o vorresti che queste piccole dita scavassero più a fondo e trovassero ciò che è nascosto in questa grotta di puro piacere? "

Spesso, sono queste parole magiche che portano il vostro partner a raggiungere l'orgasmo, anche prima che abbiate compiuto miracoli con il suo corpo. Cercate sempre di descrivere ogni piccola azione e scoprirete come questo vi stimolerà nel miglior modo possibile.

Chiedete cosa desiderano

Piuttosto che far semplicemente sapere al vostro partner cosa state facendo, un'altra fantastica idea è quella di chiedere cosa vuole. Fate domande provocatorie al partner mentre la penetrate con un dito e chiedete "ti piace o vuoi che io ne spinga due in questo modo?" Mentre lo dite, spingete entrambe le dita e fate movimenti dentro e fuori.

Questo è un ottimo trucco per scoprire cosa eccita la vostra donna da poter usare per ottenere i risultati sessuali migliori. Ci sono molti modi in cui potreste portare avanti la conversazione ed è anche uno dei modi più efficaci per capire qual è il metodo migliore per provocare orgasmi al partner.

Più parlerete, più conoscerete le dinamiche del corpo del vostro partner e vi aiuterà a creare la giusta atmosfera

Crea l'atmosfera giusta per una notte bollente

Parlare apertamente dei vostri sentimenti vi aiuterà ad entrare nel giusto ritmo ed umore. La maggior parte delle donne tende a parlare con voce sexy e questa basta a spingere i vostri ormoni ad un livello completamente nuovo e ad aiutarvi a percepire le giuste vibrazioni, e sentire il furore degli ormoni. Con ciò premesso, dovreste essere decisamente desiderosi di esprimervi.

Parlate della vostra fantasia

Se decidete di parlare, un'ottima mossa è quella di farlo a proposito delle vostre fantasie sessuali. Questo è un ottimo modo per conservare il sesso elettrizzante e trascorrere una notte all'insegna della passione. Assicuratevi di descrivere ogni singolo dettaglio. Se riuscite ad essere tanto sexy da stuzzicare il vostro uomo parlandogli della vostra fantasia, potreste essere pronte per viverla davvero. Scegliendo di parlare della vostra fantasia, spingerete il vostro uomo a volerla realizzare.

C'è sicuramente modo e modo per dire le cose. Se siete dell'umore giusto, il tono e la voce verranno da soli. Va bene essere un po' briosi, non tutto deve essere erotico. Quando vi divertite e siete a vostro agio l'uno con l'altro, non sentirete in alcun modo il bisogno di pensare prima a cosa dire, perché verrà naturale.

Dovreste pensare a cose che vi eccitano e a cosa vi piace, e poi semplicemente metterle in atto. Se ci sono emozioni autentiche, amore e passione genuina, il vostro partner ne verrà sicuramente coinvolto, non c'è motivo di tenerlo nascosto. Pronunciatevi e preparatevi a percepire la connessione da entrambe le parti.

Crediamo che il sesso muto non sia così divertente, perché affievolisce il brivido. Quando provate qualcosa ed il vostro uomo si è impegnato molto per aiutarvi a raggiungere l'orgasmo, perché non fargli sapere esattamente come ti sta facendo sentire! Essere consapevole potrebbe farlo accelerare o rallentare e regalarvi di conseguenza un orgasmo ancora migliore. Allo stesso modo, quando la vostra donna vi sta facendo un pompino, fatele sapere quanto è stata brava a fare ciò che amate di più.

Inoltre, se desiderate improvvisare, preparatevi a parlarne. L'unica cosa che dovete considerare è che non dovete ferire i vostri sentimenti, perché ciò che desideri è che entrambi siate felici mentre fate l'amore.

Quindi, tenete a mente queste lezioni e parlate apertamente a letto. Il meglio emerge quando state partecipando ad un gioco di ruolo, poiché richiede che parliate, e nel momento in cui entrambi prenderete parte ad una scena erotica capirete perché essere vocale durante il sesso è considerato un enorme afrodisiaco. Non c'è bisogno di preparare un discorso in anticipo dal momento che il sesso dovrebbe essere impulsivo piuttosto che programmato. Ricordate queste cose e mettetele in pratica, assicurandovi di annotare come la voce abbia cambiato le vostre dinamiche nei giochi sessuali.

Se fatto bene, di sicuro donerà la sensazione migliore del mondo e porterà il vostro gioco sessuale su un altro pianeta.

Capitolo 13: Gioco Di Mano

Ci sono molti modi per stimolare il corpo. Mentre siamo tutti d'accordo che la penetrazione è nota per donare la soddisfazione maggiore, non si dovrebbe sottovalutare l'elevato potere di una sega o di un ditalino. Le vostre mani sono le vostre magiche armi e dovreste usarle per provocare un straordinario cambiamento nei livelli di ormoni del vostro partner.

Quando desiderate arrapare il vostro partner e volete spingervi in un nuovo territorio e scoprire qualcosa di diverso, vogliamo che proviate il gioco di mano. Fate sempre un uso esemplare delle vostre mani, guidandole verso i giusti punti che possano accendere il partner e far sì che viviate il sesso più bollente di sempre.

Conseguentemente, ora che abbiamo fatto le nostre premesse, siete pronti per imparare come utilizzare al meglio le vostre mani prodigiose nel sesso, nei giochi di ruolo e nei preliminari!

La Prospettiva della Donna

Poiché il gioco di mano differirà in modo significativo sia per gli uomini che per le donne, andremo ad analizzarne uno per uno. Sia uomini che donne possono leggere entrambe le versioni, poiché gli permetterà di comprendere al meglio cosa funziona e cosa no. Dopotutto, informarsi sul sesso è bello quasi quanto farlo no? Per questo motivo 50 sfumature di grigio ha battuto il record di vendite dopotutto!

Se sei una donna, puoi usare le tue mani per fare un sacco di cose. Abbiamo già fatto riferimento alle seghe e all'impugnare e strofinare il pene per farlo diventare duro abbastanza da spingere l'uomo a supplicarti di farlo venire dentro di te. In effetti, non lascia sorpresi che molti uomini non siano in grado di trattenersi anche con un semplice lavoro di mano, e potrebbero anche sborrarti in mano se le dita e la presa sono così efficaci.

Per questo motivo quando accarezzate il vostro uomo assicuratevi di utilizzare a pieno le mani. Potete montargli sopra e prendere il comando, perché ci sono poche cose più sexy di una donna che sa come prendere il comando e guidare la situazione.

Una volta che sarete sopra, sfiorate con l'estremità delle vostre dita il suo corpo e toccate ovunque.

Anche i capezzoli dell'uomo possono essere molto divertenti se sai come giocarci. Toccane la punta con le dita e pizzicali di tanto in tanto. Di fatto, proprio come i vostri capezzoli, potrebbero indurirsi di conseguenza. Una volta inturgiditi, potreste avvicinare la bocca e mordicchiarli; sentirete il vostro uomo mugolare di dolore e piacere e goderti il divertimento. Mentre mordicchiate, non dimenticare di affondare le mani tra i suoi capelli e tirarli un po' come segno del tuo lato focoso e appassionato. La maggior parte degli uomini avrà difficoltà a resistere a donne così sicure di sé al comando.

Quando avrete finito di giocare con la parte alta, scorrete verso il basso ed iniziate a giocare con l'ombelico. Spingete le vostre dita dentro e fuori e osservate se sente qualcosa. Alcuni uomini sono estremamente sensibili in quest'area mentre altri meno. Aiutatevi con del ghiaccio o con della cioccolata calda e stuzzicate il suo corpo con le dita sporche di cioccolato, facendogliele leccare. Tutto questo genererà ulteriore pepe e romanticismo, sta a te decider come ricrearlo al meglio.

Quando sarete arrivate ai suoi testicoli, assicuratevi di prenderle in mano e accarezzarlo in modo che sentiate la tensione salire dentro di lui. Il modo migliore di fargli una sega perfetta è iniziare dal fondo dei testicoli fino ad arrivare alla punta del pene. Questo è un afrodisiaco incredibile per entrambi i partner poiché le donne possono sentire la lunghezza e la circonferenza complete e fantasticare sull'avere questo "bravo ragazzo" dentro di loro, facendole bagnare. Gli uomini adorano la sensazione di essere impugnati dai testicoli alla punta, perciò potete rendere il movimento violento e veloce facendo sì che in breve abbia serie difficolta a trattenere il proprio sperma. Ovviamente, essere vocale e fargli ogni tipo di domande sexy potrebbe sostenere ulteriormente il vostro gioco.

Anche risalire dalla parte inferiore dei piedi, la punta ed il mignolo potrebbe essere un'enorme afrodisiaco ed aiutarvi ad eccitare il vostro uomo nel modo desiderato.

Fate tutto questo e siamo certi che il vostro uomo sarà sempre impaziente di avervi a letto.

La Prospettiva dell'Uomo

Ora che abbiamo parlato del ruolo ella donna, passiamo all'uomo. Chiaramente anche gli uomini hanno delle dita magiche e sappiamo tutti quanto un ditalino possa essere appagante.

Perciò se il vostro focus e quello di soddisfare la vostra donna ed aiutarla ad avere gli ormoni a mille, ecco come dovrebbero lavorare le tue mani.

Quando la vostra donna giace sdraiata proprio di fronte a voi, potreste prendere al volo l'occasione facendo scorrere un dito verso il suo orifizio. Questa è sempre una mossa erotica che sicuramente la accenderà. Ancora una volta, sentitevi liberi di utilizzare qualsiasi oggetto di supporto con cui entrambi vi sentire a vostro agio. Potrebbe essere gelatina, cioccolato, marmellata o qualsiasi altra cosa. Sì, le cose possono diventare impiastricciate e sporche quando lo fate, ma alla fine, ne vale sempre la pena.

Inoltre, non scordate mai di giocare con i suoi capelli anche quando siete nel bel mezzo di una sessione di sesso violento. Alle donne piacciono gli uomini che gli tirano i capelli nonostante riescano a malapena a tenere il proprio pene nei pantaloni. Quindi, mostratele quanto la desiderate, non solo tramite il vostro pene esageratamente duro, ma anche grazie alle vostre mani che continuano a palpeggiarla di tanto in tanto.

Si sa che una donna ha i capezzoli molto sensibili e quando li accarezzi, saranno subito eretti e visibili. Quindi, non dimenticate mai di accarezzarli, solleticarle e disegnarvi dei cerchi sopra. Quando sono completamente dritti, giocate con loro, spingeteli e lei sicuramente risponderà con un sensuale gemito. Potreste anche provare a leccarli e morderli, assicuratevi solamente che non smetta mai di divertirsi. Provocare i capezzoli è un ottimo modo per divertirsi ed alcune donne sono note per essere in grado di provare anche orgasmi dai capezzoli poiché i capezzoli potrebbero essere molto sexy e pieni di ormoni.

Ancora una volta, scivolate verso l'ombelico e baciatelo in maniera appassionata. Potreste quindi circondarlo lentamente finché non sentite che il suo corpo inizia ad avere effetto sul suo desiderio sessuale. L'ombelico anche in questo caso potrebbe rivelarsi un punto molto sensibile per la maggior parte delle donne. Non avete bisogno di andare molto in profondità, lasciate che le vostre dita giochino sul bordo e provocatela un po'. Questo potrebbe già essere sufficiente per portarla al limite.

Mentre le vostre dita continuano ancora a scivolare ed accarezzare, siate pronti a farle il miglior ditalino possibile. Iniziate sempre lentamente muovendo un dito all'improvviso. Questo movimento improvviso dello spingere semplicemente un dito la coglierà impreparata e vorrà saltarvi addosso. Mentre continuate ad esplorare l'interno della sua vagina con un solo dito e fantasticare su dove vorreste arrivare o su cosa vorreste dirle a proposito della vostra fantasia sessuale, le cose raggiungeranno sicuramente il culmine.

Ancor prima di darle un cenno, spingete un altro dito e poi inserite il terzo, fino a quando non urlerà il vostro nome ed il suo cuore non inizierà a battere forte come se le stesse uscendo fuori dal petto. Il bello di farle un ditalino potrebbe andare avanti per ore ed aiutare le donne a provare un flusso perpetuo di orgasmi o una maggiore attrazione sessuale. La chiave qui è assicurarsi che non si asciughi troppo, altrimenti potreste farle male.

Lubrificatela a gogo e continuate a farle ditalini. Potreste provare a spalmarvi dell'olio sulle dita, fare dei cerchi intorno alle labbra e poi spingerle le dita di nuovo dentro. Non esiste limite quando si parla di immaginazione, ma assicuratevi di continuare a provocarla in questo modo. Se riuscite a toccarle il clitoride o anche il punto G, vi aspetta il piacere di una vita e la tua donna adorerà le tue abilità manuali.

Di sicuro vi accorgerete che lei sarà decisamente bagnata e gonfia, e quando l'avrete portata a fare un giro completo con le vostre dita magiche, massaggiatela lentamente in piccoli cerchi e preparatevi per il sesso penetrativo. Quando sarà giunto il momento, le vostre mani libere potranno comunque ancora accarezzare il suo seno o fare cerchi sul suo collo.

Quindi, assicuratevi di seguire tutto ciò che abbiamo appena descritto e di vedere come il gioco di mano a volte possa essere più sexy e più appassionato del sesso penetrativo. Fate sempre un round di giochi di mano prima di passare al sesso con la penetrazione. Non è un mistero che sia un afrodisiaco eccezionale per entrambi i partner. Potreste cimentarvi a turno per accontentare l'altro oppure potete optare per il "69" e farlo simultaneamente per vivere un'esperienza fuori dal mondo.

Capitolo 14: La Magia Chiamata Massaggio Erotico

Siamo tutti a conoscenza di come le sale massaggi siano notoriamente molto più di questo. Molte sale massaggi, difatti, offrono quello che viene chiamato 'il lieto fine'. Quando state facendo un massaggio, potete alleviare la tensione del vostro corpo, perciò e naturale beneficiare di un migliore senso di soddisfazione nella vita. Questo vi darà lo stimolo necessario a godervi dell'ottimo sesso dato che il vostro desiderio sessuale tenderà ad aumentare ricevendo il massaggio.

Sebbene esistano infiniti tipi di massaggio, qui ci concentreremo esclusivamente sui massaggi erotici. Essi sono concepiti appositamente per la vostra vita sessuale e non solo possono incrementare il vostro desiderio sessuale, ma darvi il giusto ritmo per godervi il miglior sesso possibile.

La cosa bella del massaggio erotico è che potete godervelo sia con il vostro partner che farlo in maniera individuale nel caso in cui desiderate prima lavorare sul vostro corpo per essere pronti ad accontentare il partner. Non si può negare il fatto che la stragrande maggioranza delle donne tende a fingere orgasmi per il semplice motivo che la sola penetrazione potrebbe non bastare per raggiungere il massimo livello di piacere.

Quindi, provando il giusto tipo di massaggio erotico, il godere di un piacere sessuale migliore sarà assicurato.

I Benefici Per Il Massaggio Erotico
Parlando di massaggio erotico, ecco alcune delle prerogative di cui si deve tener conto. Prendete nota di questi fattori e sarete sicuramente in grado di provare il meglio di questi massaggi.

L'Ambiente

Ogni volta che parliamo di massaggi, ciò che si rivela fondamentale sono la tipologia di ambiente e di atmosfera. Dovete assicurarvi, invero, di creare l'atmosfera migliore.

Attrezzatevi con degli oli profumati nelle vicinanze e mandate in riproduzione una traccia sensuale per dare un po' di movimento all'ambiente. L'aroma sexy abbinato alla musica giusta vi aiuterà indubbiamente a dare il giusto ritmo per il massaggio erotico che sicuramente verrà a seguire.

Gli oli per massaggi

A prescindere dal tipo di massaggio che avete scelto, optate per i migliori oli per massaggio. In tema di massaggi erotici, dovreste sempre scegliere un olio dal profumo dolce che faciliterà sufficientemente l'eccitazione.

Ci sono disparate varietà tra cui scegliere, dalla lavanda francese alla rosa egiziana e tonnellate di altri oli per massaggi erotici. Siate liberi di perlustrare negozi erotici per adulti o di dare un'occhiata ai siti online per scoprire quale olio avrebbe il migliore effetto.

Quando decidete di provare un massaggio erotico, spalmate l'olio anche sulle parti intime. In questi casi, assicuratevi di poter fare uso di questi oli in quelle zone. Spalmare olio nella vagina lo farebbe entrare in contatto con il corpo, quindi controllate sempre con attenzione questi aspetti.

La zona di comfort

La questione successiva di cui dovrete avere piena consapevolezza deve essere il quanto siete a vostro agio entrambi. Potete fissare dei limiti reciproci per determinare il miglior livello di comfort. Ad alcune coppie, ad esempio, piace essere completamente nudi durante un massaggio erotico. D'altra parte, ci sono anche coppie che vogliono indossare almeno un abbigliamento minimo per le sessioni di massaggio.

Allo stesso tempo, l'entità del massaggio e le aree che si desidera stimolare sono tutti punti importanti di cui parlare in anticipo.

Quindi, tenete a mente tutti queste questioni qualora decideste di godervi un massaggio erotico. Dopo aver verificato tutti questi punti, potrete quindi procedere per sfruttare al meglio la sessione di massaggio.

La Tecnica Di Massaggio

Idealmente avere un professionista che gestisca il massaggio di coppia potrebbe essere una buona idea se vi trovate completamente a digiuno in questo processo. Ma se siete contrari ad avere qualcun altro presente durante un massaggio erotico, potete farlo anche direttamente voi.

Alleviate la tensione

La prima cosa da fare è allentare la tensione del vostro corpo. Imparate a rilassarvi. Entrambi potreste ricorrere a tecniche di respirazione sincronizzata per assicurare che lasciate andare le vibrazioni negative e rimaniate concentrate sul sentirvi totalmente a vostro agio. La mente ricopre molti ruoli nei massaggi erotici.

Scegliete gli Strumenti

Ancora una volta, non esistono limiti se si tratta dei che tipo di strumenti si desidera utilizzare durante una sessione di massaggio erotico. Ci sono diversi dildo e vibratori disponibili sul mercato, ma non solo, troverete anche molti altri giocattoli da poter utilizzare. L'obiettivo è soltanto quello di avere qualcun altro che si occupi di alleviare la tensione e massaggiare in modo tale che il vostro corpo raggiunga il culmine anche prima che qualsiasi pene entri dentro di voi. Lo stesso vale anche per gli uomini.

Spalmate l'olio e massaggiate

A questo punto dovete procedere a turno durante la somministrazione del massaggio erotico. Farlo nudi ha diversi vantaggi e potrebbe perfino arraparvi ancor di più.

Immaginate, se la donna sta spalmando l'olio sull'uomo, potrebbe farlo nuda, a patto che chiaramente sia a proprio agio. Questo potrebbe aiutare l'uomo ad avere una visuale davvero eccitante che potrebbe portarlo ad avere una grande erezione.

Spogliate il vostro uomo e versate dell'olio in maniera sensuale sul suo corpo. Assicuratevi che l'olio coli direttamente sul suo pene per poterlo accarezzare, dapprima piano e poi rapidamente su e giu. Potete anche usare i vostri seni per accarezzare il suo pene. Massaggiatevi un po' di olio sul seno e poi strofinatelo sul suo corpo per trasferirvi l'olio.

Ovviamente dovete anche essere formati nell'arte del massaggio, poiché in fin dei conti dovete essere in grado di mettere le vostre mani nel punto giusto per lenire i dolori muscolari.

Allo stesso modo, se siete voi uomini a fare il massaggio, usate l'olio come lubrificante e quando lei giace sdraiata a pancia in giù, cospargetela di olio su tutto il corpo. Potreste sculacciarla e spingerle le dita più a fondo nell'ano, perciò per farlo non limitatevi a lubrificarlo, prendetela come un'occasione per accenderle i sensi.

In seguito, giratela e concentratevi sul suo seno. Accarezzatelo dolcemente e oliatelo a sufficienza fino a che non sarà bello turgido e assicuratevi di massaggiarne la punta, questo manderà delle vere e proprie scosse di energia sessuale al suo corpo.

A questo punto cospargete l'olio su tutto il corpo e fatevi strada lentamente verso il suo orifizio. Spingetele mani tra i suoi fianchi e penetratela con le dita dolcemente.

Mentre le fate un ditalino, fate attenzione ad avere abbastanza olio sulle vostre dita, in modo tale che la lubrifichiate copiosamente e la appagherete in maniera profonda.

Potreste approfittare per giocherellare un po' con le dita, e goderti il modo in cui raggiunge l'apice del suo corpo.

Se state utilizzando sex toys, fateli entrare nell'arena e assicuratevi di muovere mani e gambe in modo appropriato per aiutarla ad alleviare la tensione che potrebbe aver accumulato.

Se volete avere un quadro ancora più nitido di cosa potrebbe funzionare sul suo corpo, approfondite il Tantra e i massaggi erotici. Questa è una scienza molto vasta e ha il potere di insegnare come appagare il corpo in modo tale da farvi provare un livello di piacere sessuale estremamente profondo e soddisfacente.

Esplorate questo settore ed implementate ciò che avete imparato per vedere come vi sentite a riguardo. Siamo sicuri che vi porterà in un viaggio fatto di piacere e pieno di divertimento che vi creerà dipendenza.

Capitolo 15: Lubrificanti, Gel E Vibratori – L'Avventura continua

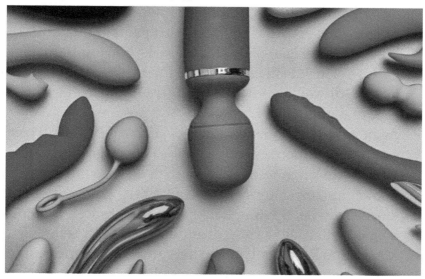

Per tutto il libro abbiamo enfatizzato e sottolineato il bisogno di attenersi all'uso solo dei migliori gel e lubrificanti e capire che ognuno di noi ha le sue peculiarità. Nonostante la vagina sia stata disegnata per auto lubrificarsi se eccitata, spesso non lo è abbastanza durante il sesso.

Se non c'è abbastanza lubrificazione il sesso può diventare doloroso piuttosto che divertente. E poi ci sono così tanti lubrificanti e gel a disposizione sul mercato che rendono il sesso ancora più attraente, che perché non prenderli in considerazione?

Parleremo ora degli indubbi vantaggi che offrono i lubrificanti e gel.

> Sesso facile e non doloroso: il sesso non deve essere doloroso per essere piacevole. Se il vostro corpo è a proprio agio e non si prova troppo dolore, probabilmente continuerete a fare sesso più a lungo. Al contrario, una

vagina secca di sicuro farà male e pruderà a breve, ma non solo, potrebbe rendere la penetrazione difficoltosa e privare del divertimento e piacere l'intera esperienza. Perciò dovreste sempre utilizzare un'ampia quantità di lubrificante e gel per lubrificare le zone interessate. Se l'area è ben lubrificata, difatti, il pene riuscirà ad entrare dentro di voi facilmente ed entrambi potrete di sicuro durare di più.

➢ Aggiungono ulteriore eccitazione: usare lubrificanti o gel di sicuro incrementa eccitazione e passione. Quando li utilizzate e li applicate pian piano nelle zone intime, finirete per aggiungere ulteriore divertimento e passione al vostro gioco sessuale. Spalmate lubrificante durante i preliminari o i giochi di ruolo e tutto diventerà ancor più bello.

➢ Mescolano le opzioni: anche nel campo dei lubrificanti e gel vi stupirete di quante innumerevoli opzioni avete a portata di mano. Esistono gel a base d'acqua e persino gel a base di olio. L'unica cosa che dovete tenere a mente è assicurarvi di scegliere le tipologie testate e sicure sia per uso esterno che interno. Se state applicando del lubrificante all'interno della vagina, di certo non vorrete contrarre un'infezione, perciò fate particolare attenzione alla sicurezza prima di procedere all'uso.

Avere a disposizione diverse opzioni significa che proverete sempre qualcosa di nuovo.

Ci sono diversi gel profumati disponibili: usateli per creare un'atmosfera diversa e dare il ritmo.

➢ Aggiunge flessibilità: non si può negare che utilizzando lubrificanti e gel, sarete molto più propensi a sperimentare diverse posizioni nel sesso. Poiché il passaggio per il pene diventa più scorrevole e sdrucciolevole, la penetrazione può riuscire anche da angolazioni ardue. Quindi, tutti coloro che vogliono rendere più pepata la propria vita sessuale e sono alla ricerca di sesso sperimentale è bene che sfruttino al massimo lubrificanti e gel.

➤ Un must assoluto per il sesso anale: ne abbiamo già discusso quando abbiamo parlato di sesso anale. Non esiste altro modo per poter fare sesso anale se non utilizzando il giusto tipo di lubrificanti e gel. Il sesso anale può rivelarsi anche molto doloroso se non fatto bene. Dato che l'ano, al contrario della vagina, non è dotato di alcun meccanismo per auto lubrificarsi, bisogna utilizzare una buona quantità di lubrificante per garantire che non vi sia sanguinamento né eccessivo.

Se i lubrificanti e i gel sono usati essenzialmente prima del sesso, non esiste un manuale delle giovani marmotte che ti guidi al loro uso. Sentitevi liberi di usarli a vostro piacimento. Applicateli sul vostro corpo e poi scivolate l'uno sull'altro; potrebbe essere un afrodisiaco molto potente per molte coppie. A te la scelta.

Scegliere Il Vibratore è sexy?

Ora che abbiamo finito con lubrificanti e gel, passeremo in rassegna quanto siano importanti i vibratori e gli anelli fallici. Si sa che la maggior parte delle donne ha probabilmente bisogno di qualcosa in più oltre alla penetrazione per arrivare all'orgasmo.

Quindi, usare un vibratore può sempre tornare utile. Come uomo, non dovresti avere in ogni caso alcun problema se la tua donna desidera giocare con i vibratori, poiché in fin dei conti è solo un altro modo per soddisfare il suo corpo.

Uno dei modi migliori per rendere divertente l'esperienza con i vibratori è inserirlo nel corpo della propria partner. Provate ad imitare il movimento del vostro pene e gingillatevi con il vibratore.

Osservate il suo corpo venire e muoversi alle ondate di piacere che la attraversano. Il solo vederla potrebbe bastare per eccitarvi e rendervi il tipo arrapato che può farla impazzire.

Le coppie che fanno uso reciproco di vibratori e anelli fallici hanno confermato di godere di un livello più profondo di soddisfazione e di avere una vita sessuale migliore. La cosa buona dei sex toys per adulti è che ne avrai una gamma vastissima a disposizione. Ci sono tantissimi articoli tra cui scegliere; dalle mutandine vibranti ai vibratori, anelli fallici ecc.; tutte cose che potrebbe dare un nuovo stimolo ogni giorno e vi daranno modo di vedere come si evolve la vostra vita in camera da letto.

L'unica preoccupazione dovrebbe essere stare a proprio agio e godersi l'intera esperienza. Non importa se state ammanettando la donna, mettendole un vibratore dentro o praticandole il miglior sesso orale. Finché entrambi vi godrete l'intero atto e sentirete entrambi le giuste vibrazioni, di sicuro sarete spinti a rifarlo ancora e ancora.

Ci stiamo a questo punto appropinquando verso la fine del libro e a questo punto avrete già imparato molte cose. Avrete già un'idea chiara di cosa vi eccita e qual è la posizione migliore per il vostro partner. Date un'occhiata al diario se necessario e annotate altri punti.

Se volete regalare una sorpresa sexy al partner, potreste recarvi ad un sexy shop e prendere alcuni dei sex toys più bollenti a disposizione e vedere come la fa sentire. Le donne hanno un debole per le sorprese e se la sorpresa ha a che fare con il sesso estroso e bollente, le cose non possono che migliorare.

Lasciate sempre spazio per provare cose nuove a letto, in questo modo sarete sicuri di apprezzare l'intera esperienza. Trovate la posizione che vi accende di più e poi aggiungete tutte le cose che sapete vi eccitano.

Finché avrete una vita sessuale attiva e divertente, continuerete a sentirvi giovane e selvaggi. La chiave per una vita felice è rimanere giovani, selvaggi e follemente innamorati. Non accontentatevi di nulla di meno di questo. Non importa quanti anni avete, se desiderate un dildo dentro di voi, dovresti adoperarvi per ottenerlo. Dopotutto, non c'è persona più importante da accontentare di te stesso.

Quindi, imparate ad ignorare ciò che gli standard della società impongono e siate il capo di voi stessi a letto. Fidatevi di noi, ci sono poche cose così nobili, ed il brivido stesso che ne deriva sarebbe sufficiente per sconquassare il mondo del vostro partner.

Quindi, andate in un sexy shop e godetevi dello shopping insieme prima di vivervi una notte bollente a letto sfruttandola al massimo.

Ancora una volta, annotate nel diario ogni singolo dettaglio in modo da sapere non solo cosa vi stuzzica ma ciò che piace di più al vostro partner.

Capitolo 16: Il Fascino del Sesso in Pubblico

Avete mai avuto l'occasione di fare sesso in pubblico? Esso può essere molto eccitante e divertente, ma ci sono cose di cui dovete assolutamente tenere conto per assicurarvi di non violare normative e leggi.

Il controllo delle Regole

Nel caso in cui vengano prese in esame norme e leggi statali, dovete ricordarvi che non tutti gli stati permettono il sesso in pubblico. Se lo stato ha imposto leggi contro il sesso pubblico e vieni colto in flagrante, la pena inflitta potrebbe essere molto rigida a seconda delle norme e regolamenti di quello specifico stato.

Ci sono quartieri di Città del Messico in cui le coppie possono fare sesso in pubblico. Sebbene le leggi non lo consentano esplicitamente, moltissime coppie nel Regno Unito fanno sesso in pubblico. Anche nel caso della grande mela New York City, troverete di sicuro molte coppie che si dedicano liberamente al sesso.

Quindi, malgrado le regole e i regolamenti vigenti, non si può negare che le coppie da sempre si siano divertite con il sesso in pubblico. La chiave è semplicemente non farsi beccare. Finché non verrete scoperto, eviterete ogni pena.

Cosa si intende per Sesso in Pubblico?

Parliamo ora del reale significato del termine "sesso in pubblico". Il sesso in pubblico si riferisce all'atto di fare sesso all'aperto, ovvero quando si fa fuori dalla camera da letto, che sia in macchina, al centro commerciale, nel parcheggio, in ufficio, in bagno e così via. La scelta sta a voi e avete la libertà di optare per il posto giusto in cui buttarvi in un gioco appassionato e fare del sesso bollente.

Teoricamente, qualsiasi forma di attività sessuale che può essere riconosciuta pubblicamente è definibile come sesso pubblico. Per questo motivo cui dovreste prestare attenzione al tipo di pubblico che attirerete: se pensate di attirare l'attenzione del pubblico sbagliato, non dovreste assolutamente prendere in considerazione di fare sesso lì. L'ultima cosa che vorrete è qualcuno che vi faccia un video della vostra performance sessuale e lo carichi su siti come YouTube. Quindi, se va bene fare sesso in pubblico, è comunque vostro dovere proteggere la vostra privacy ed evitare che sia violata dagli altri.

L'Esibizionismo è Considerato Sesso in Pubblico?

È difficile etichettare cosa è giusto e cosa no. Andarsene in giro mostrando i genitali a caso non è sicuramente la mossa giusta da fare, ci sono città in cui potreste anche essere messi dietro le sbarre per questo. Sebbene possiate ritagliarvi un angolo di paradiso per fare sesso con il partner, vi sconsigliamo di mostrare il vostro pene a persone a caso o di ballare nudo per le strade.

Il Sesso in Pubblico può Essere un Afrodisiaco?

Ovviamente, non si può negare il fatto che il sesso in pubblico possa fungere da potente afrodisiaco. Se voi ed il vostro partner vi sentite così in connessione da non riuscire a tenere le mani apposto, anche se vi trovate in un luogo pubblico o in fila ad un concerto, potreste finire per fare sesso in pubblico.

Essenzialmente è il riflesso del desiderio di voler esibire la passione che ha travolto la vostra mente e il vostro corpo e vi dà l'impulso di farvi il partner indipendentemente da dove siete. Il pensiero che si cela dietro alla volontà di prenderle il seno o magari toccargli il pene potrebbe farvi arrapare. Ci sono coppie che notoriamente mandano a farsi benedire i propri impegni e corrono in un hotel per saziare la propria lussuria e desiderio, godendo del tipo di desiderio sessuale che hanno accumulato.

Quelle coppie che amano buttarsi in qualcosa di stuzzicante ed elettrizzante e sono abbastanza coraggiose da essere sempre alla ricerca di qualcosa di nuovo, avranno sempre un debole per il sesso pubblico.

Potreste farlo in bicicletta o in macchina (che è forse lo scenario più comune), oppure un cinema o una sala concerti, altri ottimi posti. Molte coppie di giovani universitari tendono a fare sesso spinto anche quando vanno in campeggio in mezzo alla natura. Dovete sempre accertarvi di non essere visti o filmati perché questo potrebbe rapidamente eliminare tutto il divertimento del sesso in pubblico.

Anche se non avete la possibilità di andare fino in fondo con la penetrazione, non c'è nulla di male se vi cimentate in coccole, carezze, strofinamenti e pomiciate. Molte coppie a Parigi sono famose per baciarsi appassionatamente in pubblico, giustamente sono a Parigi, la città dell'amore. Quindi, non abbiate paura di mostrare le emozioni e godetevi i momenti appassionati e bollenti che la vita vi riserba.

Precauzioni per il Sesso in Pubblico

Nel godervi il sesso in pubblico, tutto ciò a cui dovete pensare è assicurarvi di prendere tutte le precauzioni necessarie a salvaguardare la vostra privacy.

> ➤ Per evitare di incorrere in denunce e violare la legge, siate consapevoli delle normative e delle leggi statali che regolano il sesso pubblico
> ➤ Non spogliatevi completamente se ci sono troppe persone nelle vicinanze, potrebbe dare un'impressione sbagliata e vi metterà in pericolo di essere ripresi in video, poi fatto circolare su Internet.
> ➤ Assicuratevi di non essere proprio sotto gli occhi del pubblico
> ➤ Imponetevi un limite al sesso che volete fare in pubblico
> ➤ Studiate attentamente il luogo dove volete farlo, angoli bui e sudici potrebbero dare il rischio di contrarre infezioni indesiderate

Ricordando tutte queste raccomandazioni, dovreste essere in grado di sfruttare al massimo il sesso pubblico. Non è un obbligo, ma indubbiamente darà quel brivido in più alla tua vita sessuale. Naturalmente, dovreste farlo solo ed esclusivamente se entrambe le parti sono consenzienti; nessuno dovrebbe mai essere forzato a fare sesso in pubblico.

Ogni volta che vi capiterà di scorgere una coppia pomiciare in pubblico e siete in compagnia del vostro partner, potrebbe far eccitare anche voi. Quindi, parlatene sempre in anticipo, così non appena si creerà il pretesto e la premessa, potrete cogliere l'occasione e sfruttare al meglio il sesso pubblico.

Una volta che lo farete, assicuratevi di annotare nel vostro diario come vi ha fatto sentire e annotate anche la risposta del partner. Questi piccoli dettagli vi torneranno sempre utili se volete dare una svolta al vostro gioco sessuale. Siamo sicuri che questo vi aiuterà in tantissimi modi diversi.

Buon sesso!

Conclusioni

Siete finalmente riusciti ad arrivare alla fine del libro e ci auguriamo che abbiate imparato molto da esso. Come accennato all'inizio, non aveva il semplice obiettivo di essere letto, ma doveva essere messo in pratica, cosa che speriamo abbiate fatto.

Se avete messo in pratica i diversi step in combinazione con i dettagli forniti nel corso del libro, siamo sicuri che ormai sarete diventati un vero Dio a letto. Ti consigliamo di tornare al capitolo iniziale e di rispondere alle domande con cui avevamo iniziato questo viaggio.

È fondamentale perché vi rivelerà il tipo di progresso che avete fatto durante la lettura del libro. Il sesso non deve essere oggetto di studio, ma c'è così tanto che devi setacciare, assimilare e sapere che non c'è mai fine a ciò che potresti conoscere.

Il Kamasutra è un'altra branca del sesso che da sempre ammalia la maggior parte delle persone. Perciò una volta che sarete diventati esperti delle posizioni sessuali nuove e sensuali di cui abbiamo parlato, potreste ritrovarti a scavare anche nei libri sul Kamasutra. Molte posizioni del Kamasutra potrebbero essere molto difficili da fare, ma se hai sete e fame di desiderio, nulla è impossibile.

Quindi, rileggete il libro tutte le volte che ritenete necessario e scegliete le vostre posizioni sperimentali preferite per soddisfare il partner a letto. Tutto ciò di cui abbiamo parlato nel libro ha un rilievo immenso e speriamo che leggendo questo libro, siate stati in grado di raggiungere il cambiamento tanto anelato nella vostra vita sessuale.

Quindi, siate disposti a metterci del vostro e raggiungere i cambiamenti in meglio. Quando farete del buon sesso e vi starete divertendo, la contentezza sarà sempre ben visibile sul tuo volto e questo ti darà un rinvigorito senso di gioia.

Quindi, rimanete giovani e selvaggi e sentitevi liberi di fare sesso; in fin dei conti, tutti abbiamo bisogni che dobbiamo soddisfare. Rintracciate la vostra zona di comfort e assicuratevi di uscirne di tanto in tanto, perché a tutti piace renderla un po' rude e passionale quando si tratta di sesso.

Goditi la nottata!

Grazie

Lightning Source UK Ltd.
Milton Keynes UK
UKHW020658310521
384668UK00001B/70